AF573226

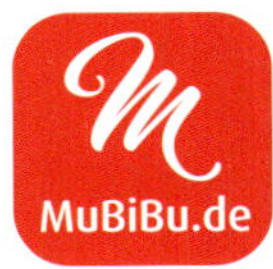

Jetzt gibt es die Inhalte aller Musikalischen Bilderbücher
auch digital unter MuBiBu.de!
MuBiBu lässt sich direkt im Internet-Browser nutzen oder als App herunterladen – dann einfach das Buch freischalten und loshören.

Besitzen Sie noch weitere Titel unserer Reihen »Das Musikalische Bilderbuch«, »Mein erstes Musikbilderbuch«, »Weltliteratur & Musik« oder »Ritter Rost«? Auch diese lassen sich unter MuBiBu.de freischalten und anhören.

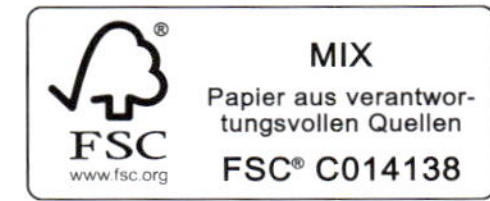

1. Auflage 2022

ISBN 978-3-219-11965-7

Kompilation folgender bei Annette Betz erschienener Titel:
Ritter Rost und der goldene Käfer, ISBN 978-3-219-11851-3
Ritter Rost auf Kreuzfahrt, ISBN 978-3-219-11852-0
Ritter Rost im Fabelwesenwald, ISBN 978-3-219-11850-6
Ritter Rost und der Yeti, ISBN 978-3-219-11849-0

Text, Zeichnungen, Layout und Umschlaggestaltung: Jörg Hilbert
Musik, Songs und Musik- und Hörspielproduktion: Felix Janosa
Notensatz: Regina Krauß, Speyer
Druck und Bindung: Finidr, s.r.o., Český Těšín
Gedruckt auf Papier aus geprüfter nachhaltiger Forstwirtschaft.
Aufführungsmaterial erhältlich unter: www.musicals-on-stage.de

www.annettebetz.de

Jörg Hilbert • Felix Janosa

DURCHS JAHR MIT RITTER ROST

Vier musikalische Hörspiel-Abenteuer

Dieses Buch kann man auf verschiedene Arten erleben: Entweder man sieht es sich an und liest die Geschichten (vor), oder man hört sich die kompletten Hörspiele unter MuBiBu.de an. Dort können sie jederzeit und überall gestreamt werden. Außerdem gibt es viele jahreszeitliche Mitmach-Ideen. Sie finden sich überall dort, wo sich diese Kakerlaken herumtreiben.

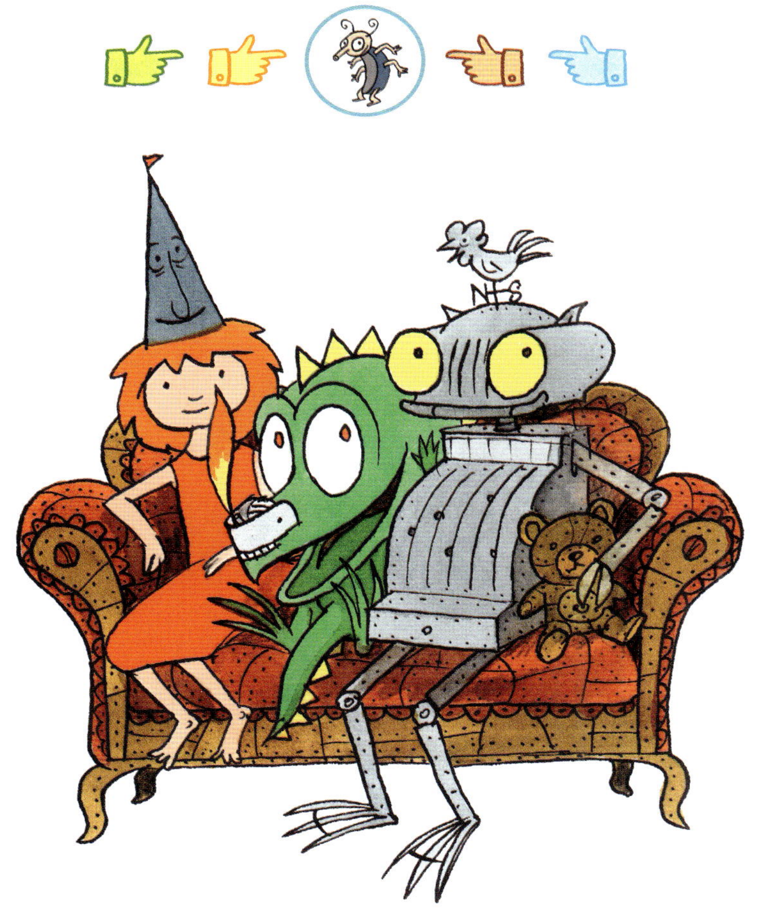

annette betz

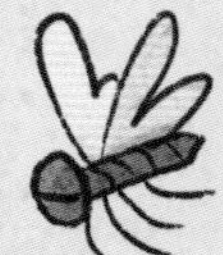

ERZÄHLER: Fritz Stavenhagen
BÖ: Patricia Prawit
KOKS: Felix Janosa
RITTER ROST: Björn Dömkes
GAGGOPHONIA, GEHEIMVERSTECK: Elke Schlimbach
KAKERLAKEN: Tabea Hilbert, Jörg Hilbert
MEDIZINKAKERLAK, HYPNOSE: Dieter Brink
KINDERCHOR: Eldrid Fettweiß, Alma Froemer, Anika Maaß
LEITUNG KINDERCHOR: Angela Froemer
PIANO, KEYBOARDS: Felix Janosa
GITARREN: Dieter Brink
BASS: Antoine Pütz, Dieter Brink
AKKORDEON: Heinz Hox
DRUMS, PERCUSSION: Steffen Thormählen, Dieter Brink
ARRANGEMENTS UND PRODUKTION: Felix Janosa
AUFNAHME, MIX UND MASTERING 2014: Alex Jacobi, Jan Felix Klein, Aachen

HÖRSPIEL 1: FRÜHLING

RITTER ROST UND DER GOLDENE KÄFER

1 Trailer
2 HÖRSPIEL: Im Garten
3 Krabbeltiere
4 HÖRSPIEL: Auf der Wiese
5 Hypnose
6 HÖRSPIEL: Bei den Zelten
7 Im Geheimversteck
8 HÖRSPIEL: Wie im Wilden Westen
9 Der Grashüpfer
10 HÖRSPIEL: Die Riesin
11 Der dicke Riese Zimperlich
12 HÖRSPIEL: Die Verwandlung
13 Schweigen wie ein Grab

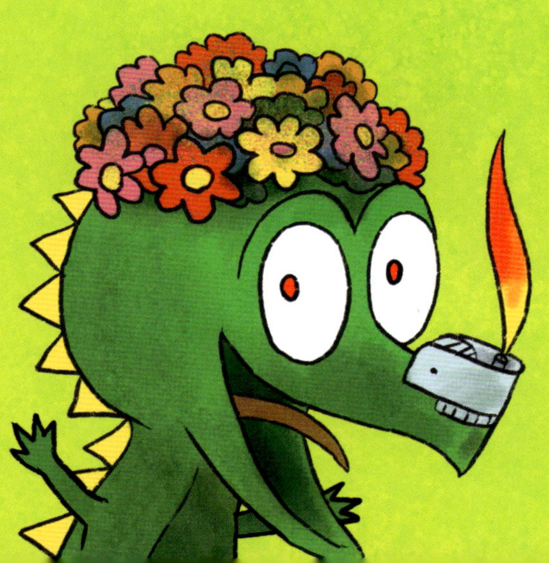

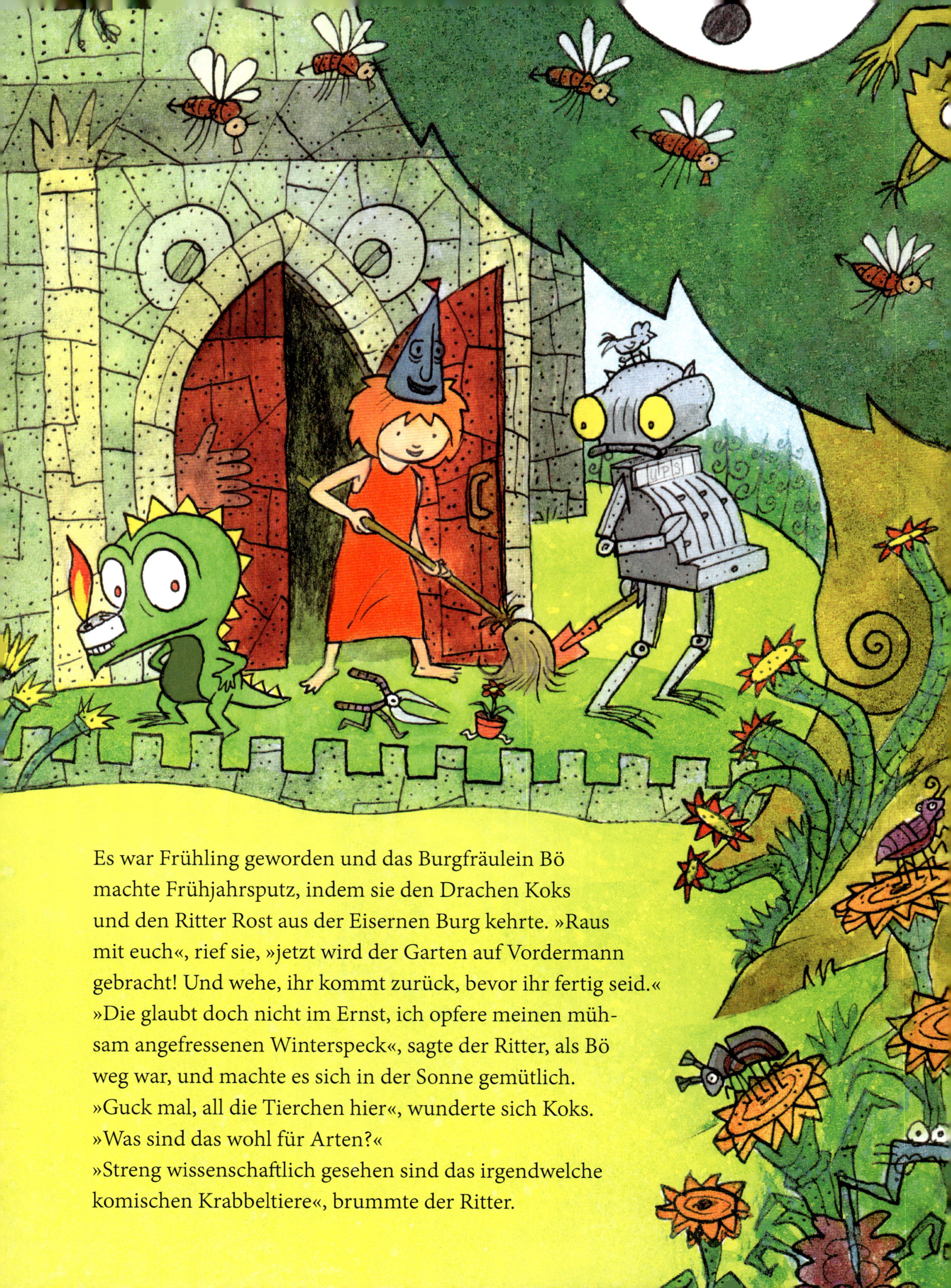

Es war Frühling geworden und das Burgfräulein Bö machte Frühjahrsputz, indem sie den Drachen Koks und den Ritter Rost aus der Eisernen Burg kehrte. »Raus mit euch«, rief sie, »jetzt wird der Garten auf Vordermann gebracht! Und wehe, ihr kommt zurück, bevor ihr fertig seid.«

»Die glaubt doch nicht im Ernst, ich opfere meinen mühsam angefressenen Winterspeck«, sagte der Ritter, als Bö weg war, und machte es sich in der Sonne gemütlich.

»Guck mal, all die Tierchen hier«, wunderte sich Koks.

»Was sind das wohl für Arten?«

»Streng wissenschaftlich gesehen sind das irgendwelche komischen Krabbeltiere«, brummte der Ritter.

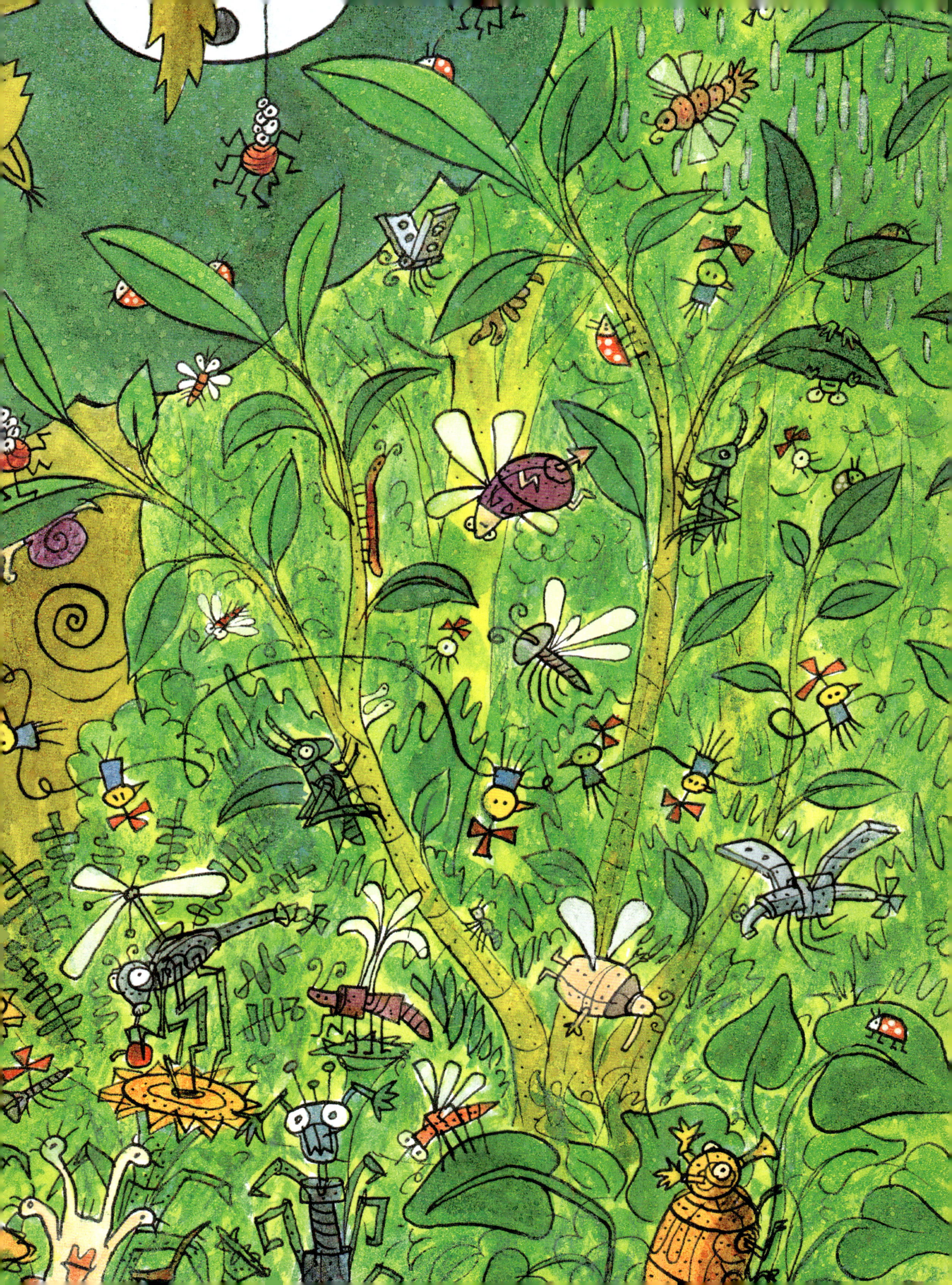

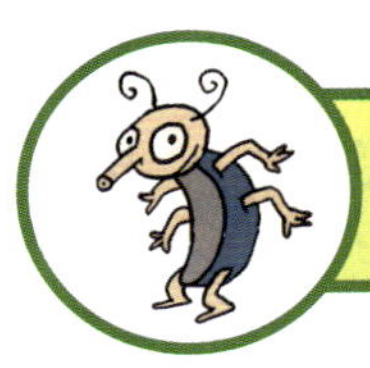

Mach dir eine **Gänseblümchen-Kette**

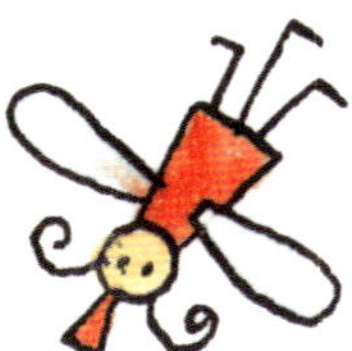

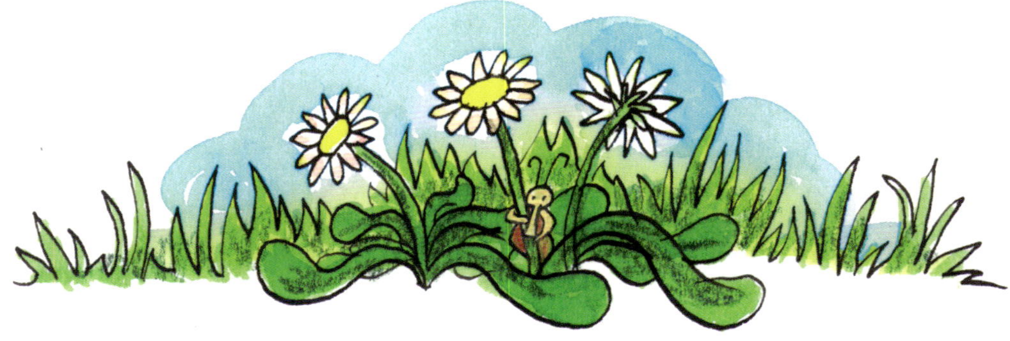

Du brauchst dazu nur Gänseblümchen und einen Fingernagel. Damit knipst du die Stängel so ab, dass alle gleich lang sind (ungefähr so lang wie dein Zeigefinger).

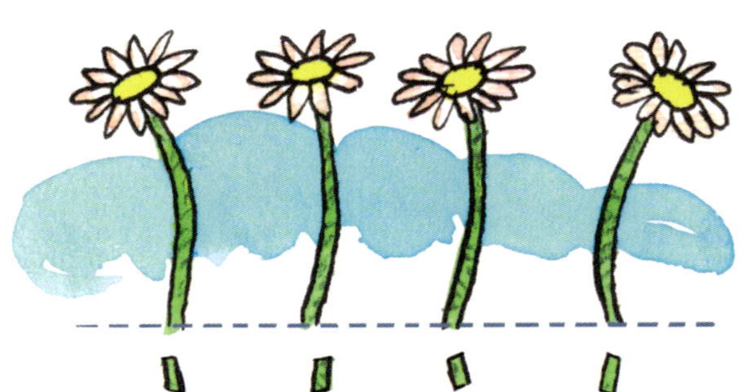

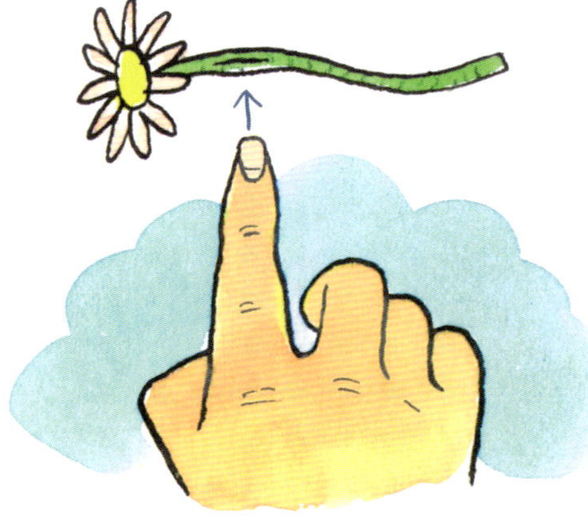

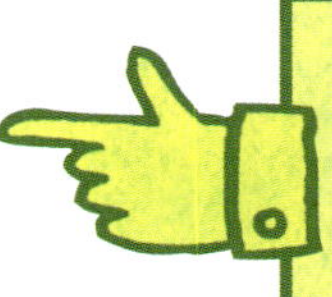

Jetzt mach mit dem Fingernagel Schlitze in die Stängel. Sie sollten ungefähr eine Daumenbreite von der Blüte entfernt sein.

Stecke die Blumen nach und nach ineinander. Der Stiel der letzten Blume kommt in den Schlitz der ersten Blume.

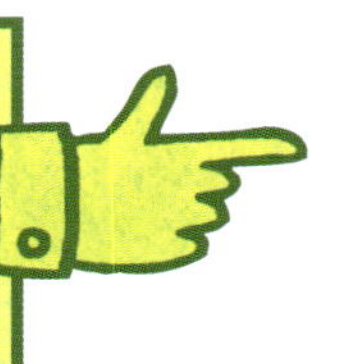

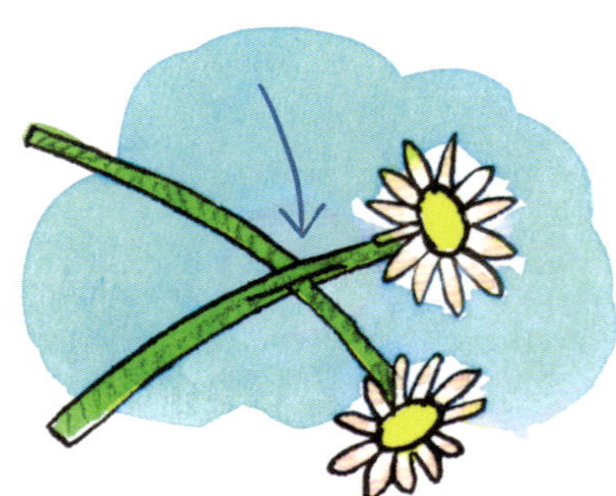

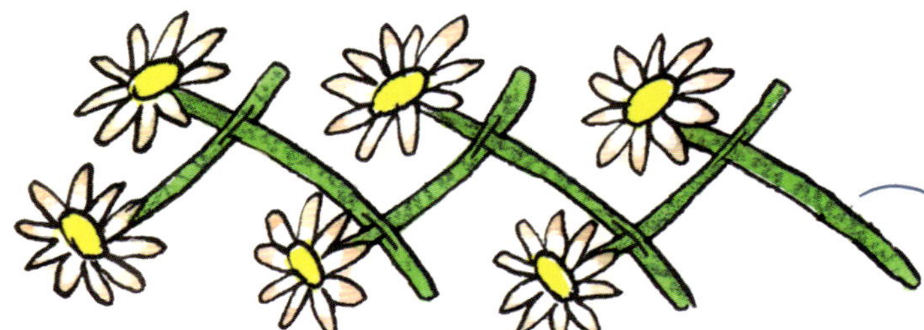

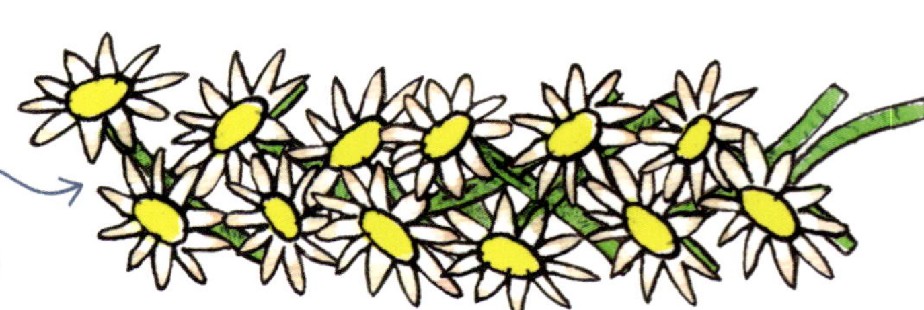

Krabbeltiere

Text: Hilbert / Musik: Janosa

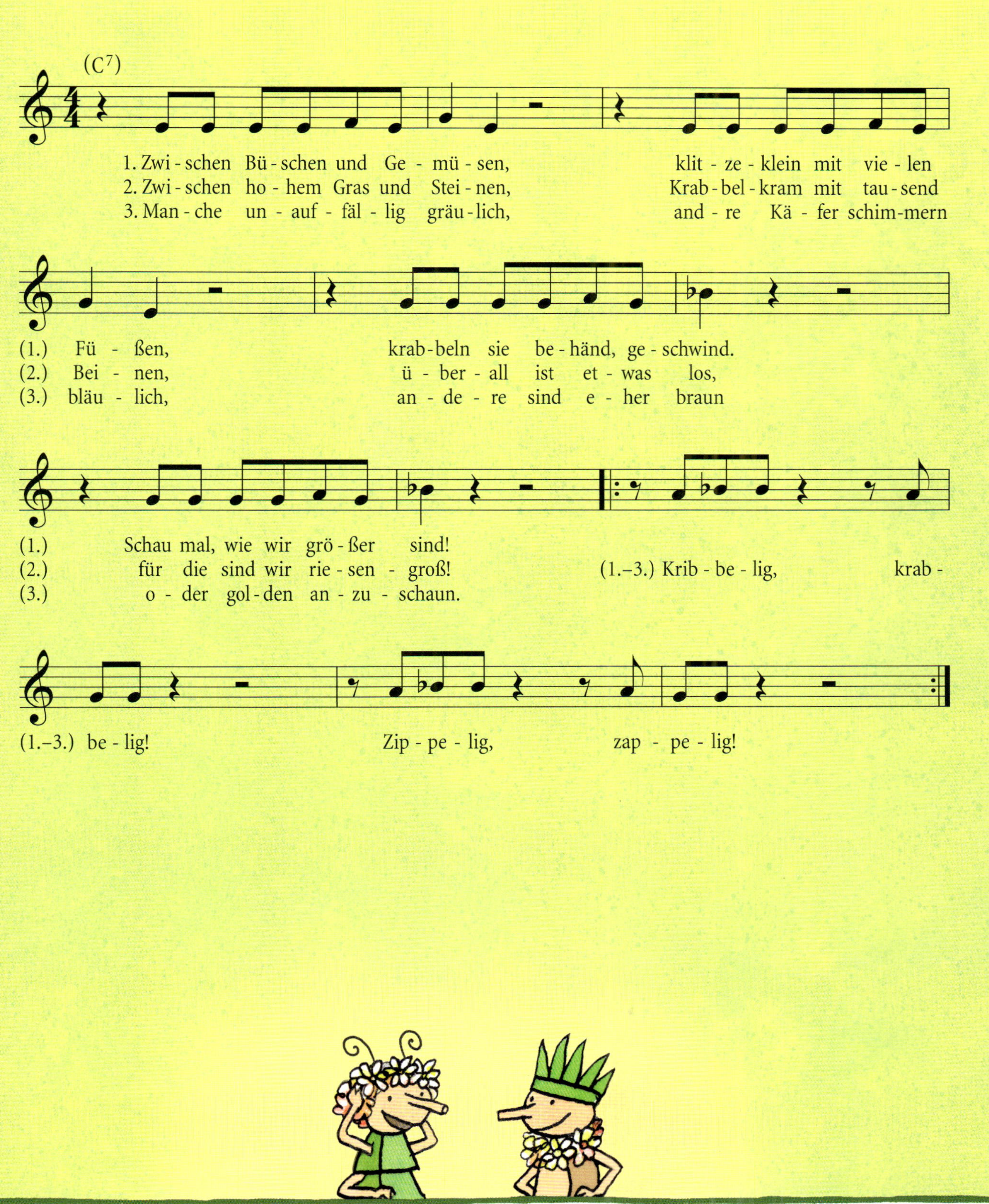

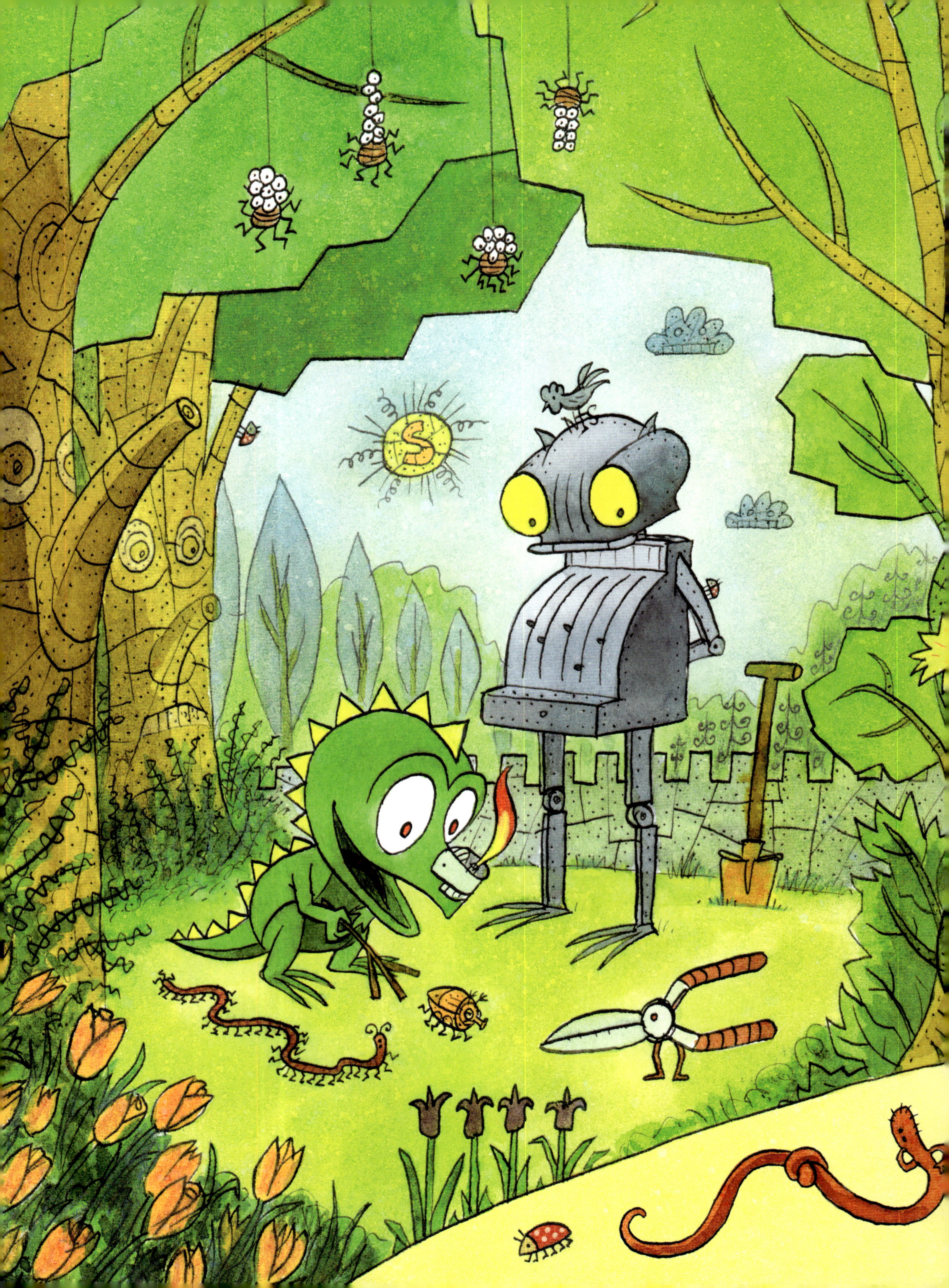

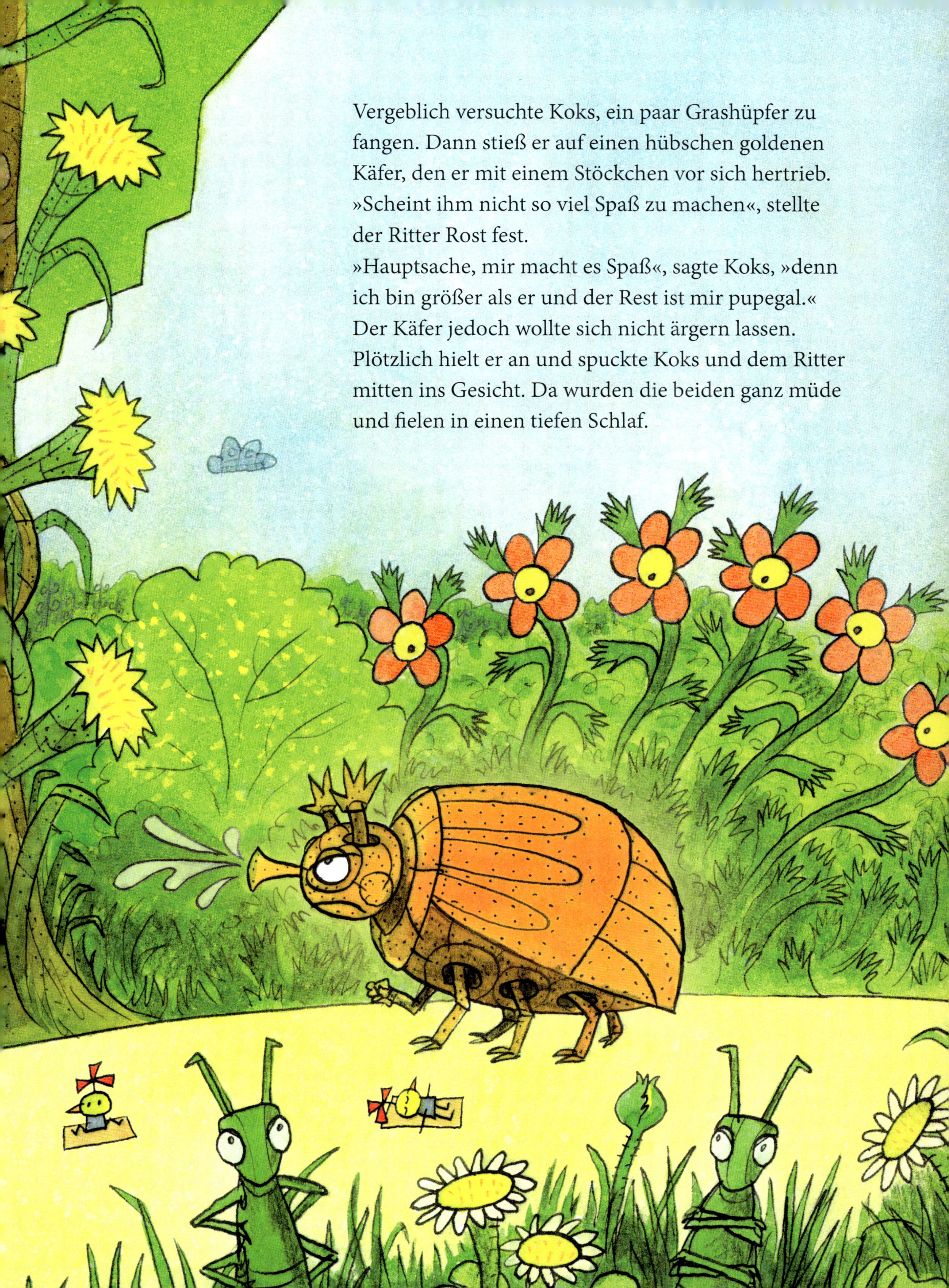

Vergeblich versuchte Koks, ein paar Grashüpfer zu fangen. Dann stieß er auf einen hübschen goldenen Käfer, den er mit einem Stöckchen vor sich hertrieb. »Scheint ihm nicht so viel Spaß zu machen«, stellte der Ritter Rost fest.

»Hauptsache, mir macht es Spaß«, sagte Koks, »denn ich bin größer als er und der Rest ist mir pupegal.«

Der Käfer jedoch wollte sich nicht ärgern lassen. Plötzlich hielt er an und spuckte Koks und dem Ritter mitten ins Gesicht. Da wurden die beiden ganz müde und fielen in einen tiefen Schlaf.

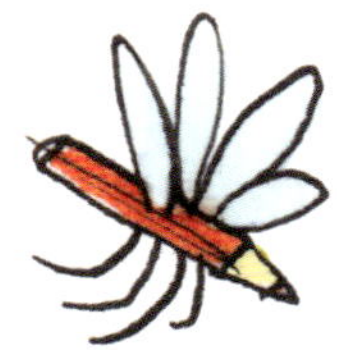

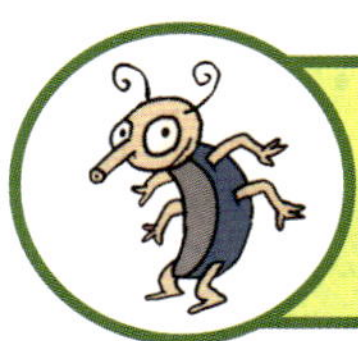

Malschule 1

Wie man den Ritter Rost malt

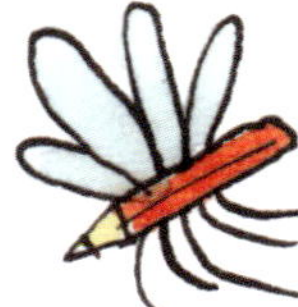

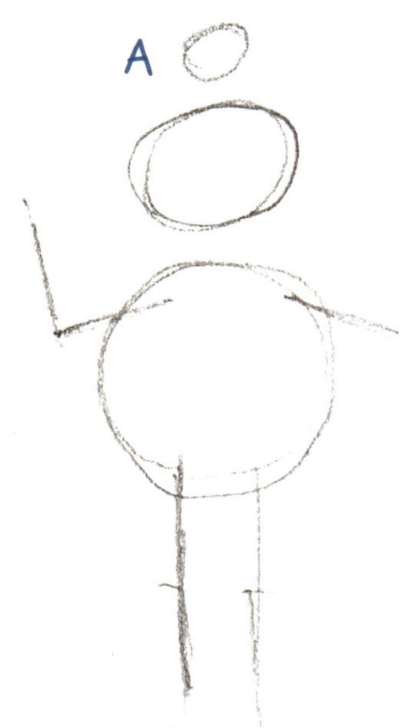

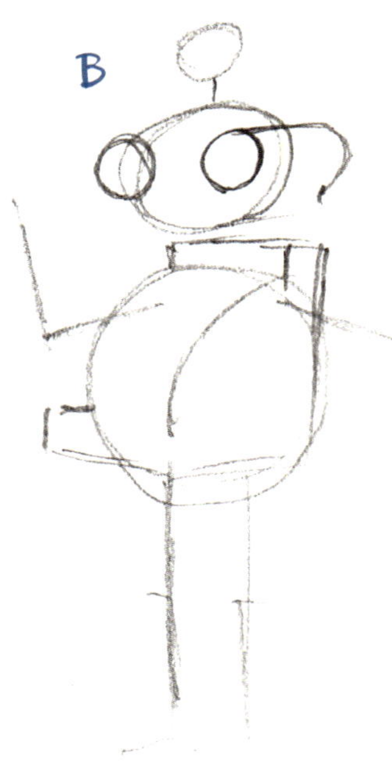

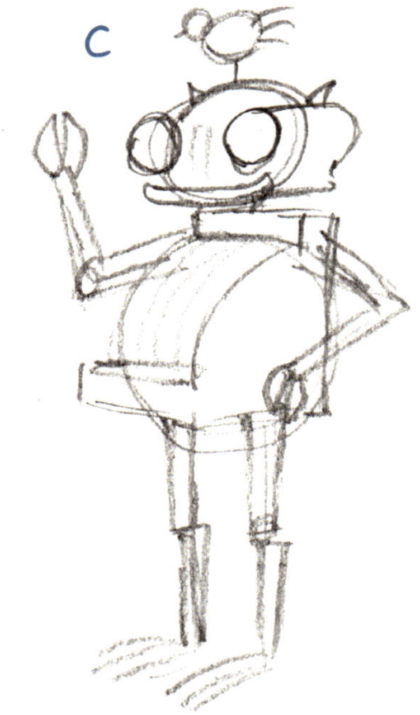

A) Zuerst entsteht eine grobe Zeichnung aus dünnen Bleistiftlinien und -kreisen.

B) Nach und nach kommen nun die Außenformen hinzu: erst die größeren …

C) … dann die kleineren. Fertig ist die Skizze und fertig ist die Vorbereitung!

D) Die Skizze zeichnest du jetzt mit Tusche oder Filzstift nach.

E) Die Bleistiftlinien sind nun überflüssig und werden wegradiert.

F) Abschließend wird die Zeichnung farbig gemacht – zum Beispiel mit Wasserfarben.

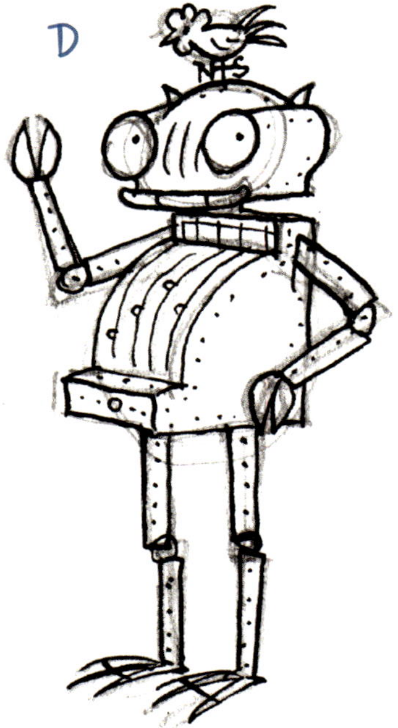

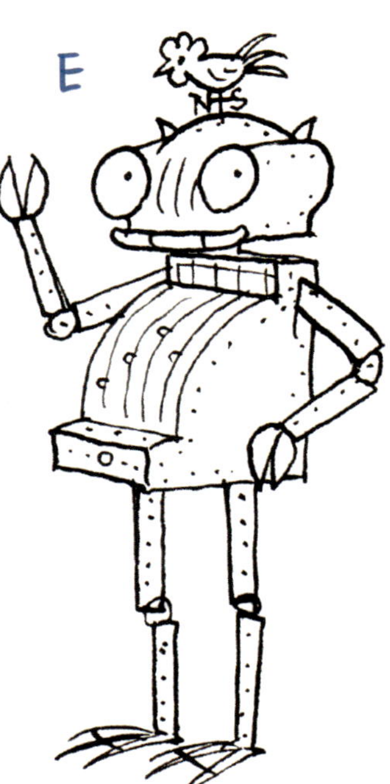

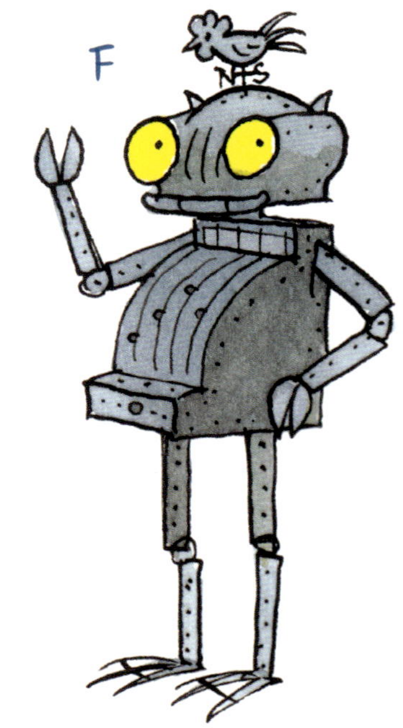

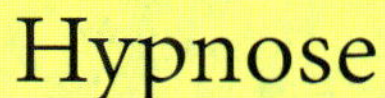

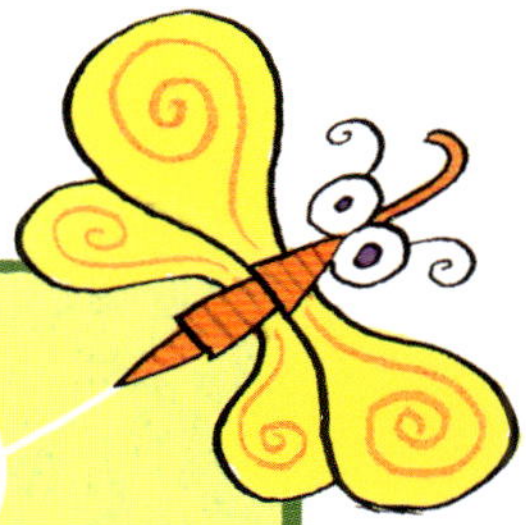

Hypnose

Text: Hilbert, Janosa / Musik: Janosa

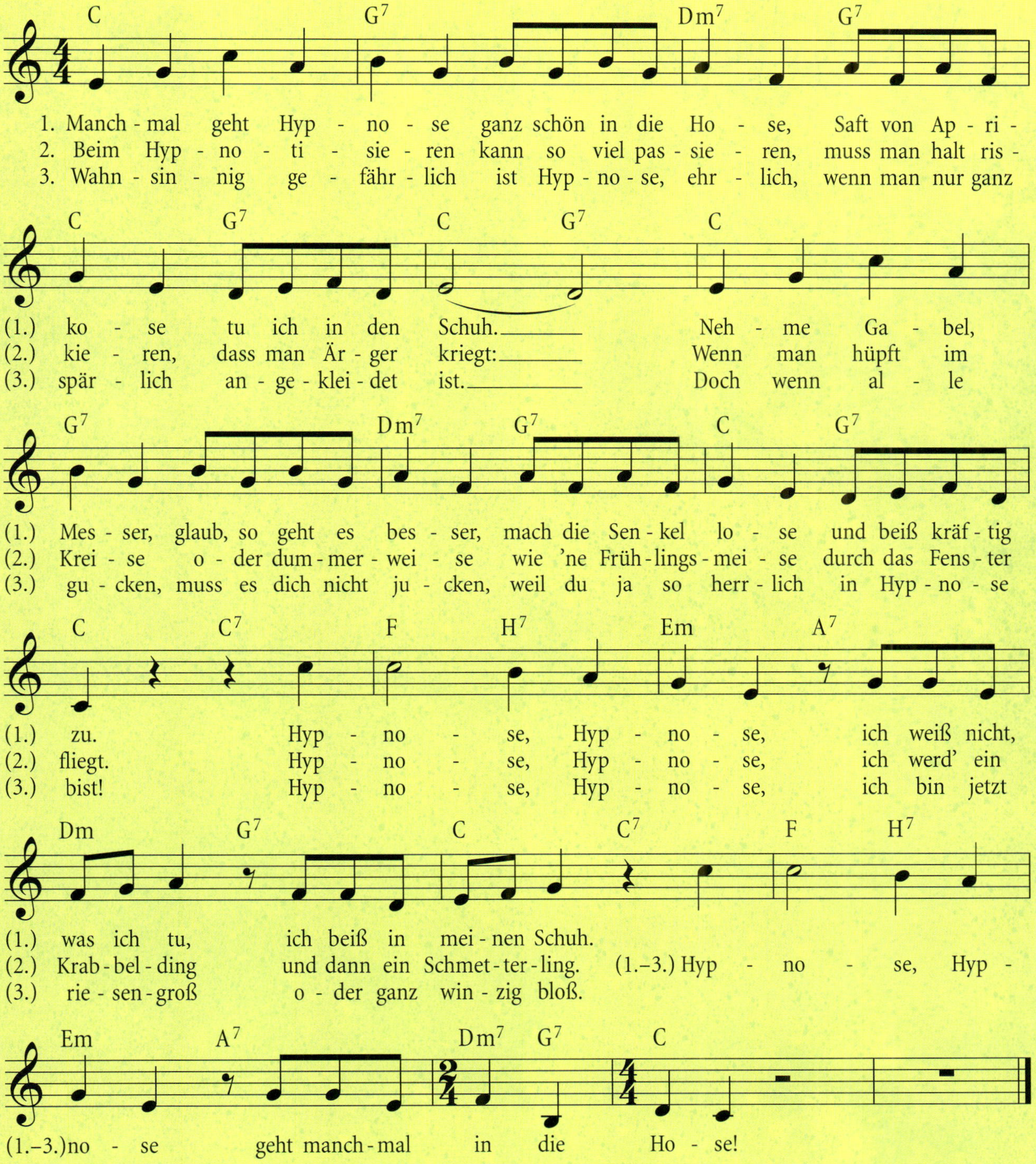

C G7 Dm7 G7

1. Manch - mal geht Hyp - no - se ganz schön in die Ho - se, Saft von Ap - ri -
2. Beim Hyp - no - ti - sie - ren kann so viel pas - sie - ren, muss man halt ris -
3. Wahn - sin - nig ge - fähr - lich ist Hyp - no - se, ehr - lich, wenn man nur ganz

C G7 C G7 C

(1.) ko - se tu ich in den Schuh.______ Neh - me Ga - bel,
(2.) kie - ren, dass man Är - ger kriegt:______ Wenn man hüpft im
(3.) spär - lich an - ge - klei - det ist.______ Doch wenn al - le

G7 Dm7 G7 C G7

(1.) Mes - ser, glaub, so geht es bes - ser, mach die Sen - kel lo - se und beiß kräf - tig
(2.) Krei - se o - der dum - mer - wei - se wie 'ne Früh - lings - mei - se durch das Fens - ter
(3.) gu - cken, muss es dich nicht ju - cken, weil du ja so herr - lich in Hyp - no - se

C C7 F H7 Em A7

(1.) zu. Hyp - no - se, Hyp - no - se, ich weiß nicht,
(2.) fliegt. Hyp - no - se, Hyp - no - se, ich werd' ein
(3.) bist! Hyp - no - se, Hyp - no - se, ich bin jetzt

Dm G7 C C7 F H7

(1.) was ich tu, ich beiß in mei - nen Schuh.
(2.) Krab - bel - ding und dann ein Schmet - ter - ling. (1.–3.) Hyp - no - se, Hyp -
(3.) rie - sen - groß o - der ganz win - zig bloß.

Em A7 Dm7 G7 C

(1.–3.) no - se geht manch - mal in die Ho - se!

Als der Ritter Rost und Koks erwachten, sahen sie sich einer Kakerlake gegenüber. »Ich bin Gaggophonia, die Häuptlingin der Kakerlaken«, stellte sie sich vor. »Und ihr zwei seid offenbar gehörige Trübtrampel. Denn nur ein ausgemachter Trübtrampel würde es wagen, sich mit einem *goldenen Schrumpfkrabbler* anzulegen.«

Der goldene Schrumpfkrabbler ist ein Zauberkäfer. Normalerweise ist er harmlos. Fühlt er sich jedoch bedroht, wehrt er sich mit Zauberspucke, die jegliche Angreifer auf Käfergröße herunterschrumpft.

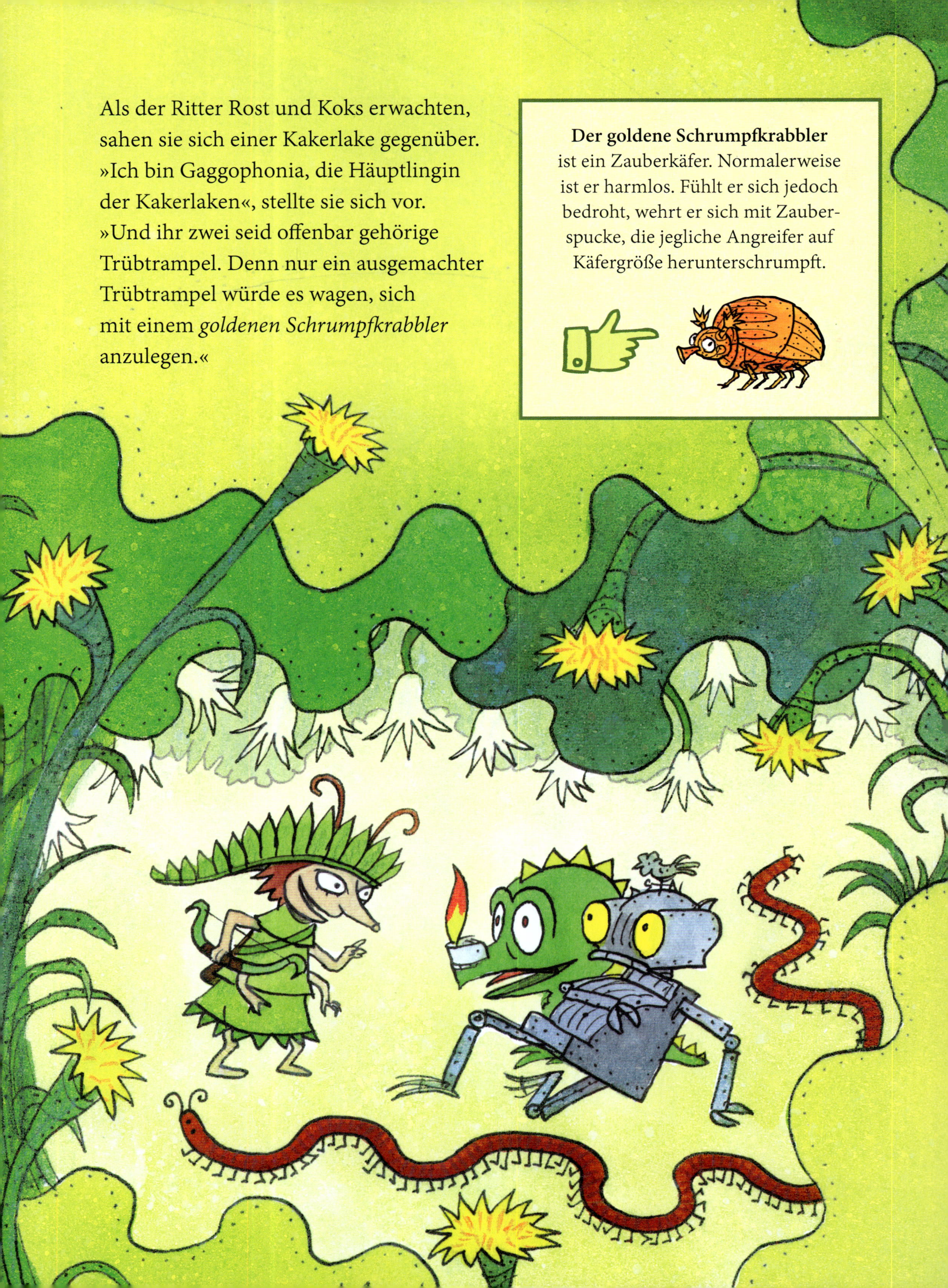

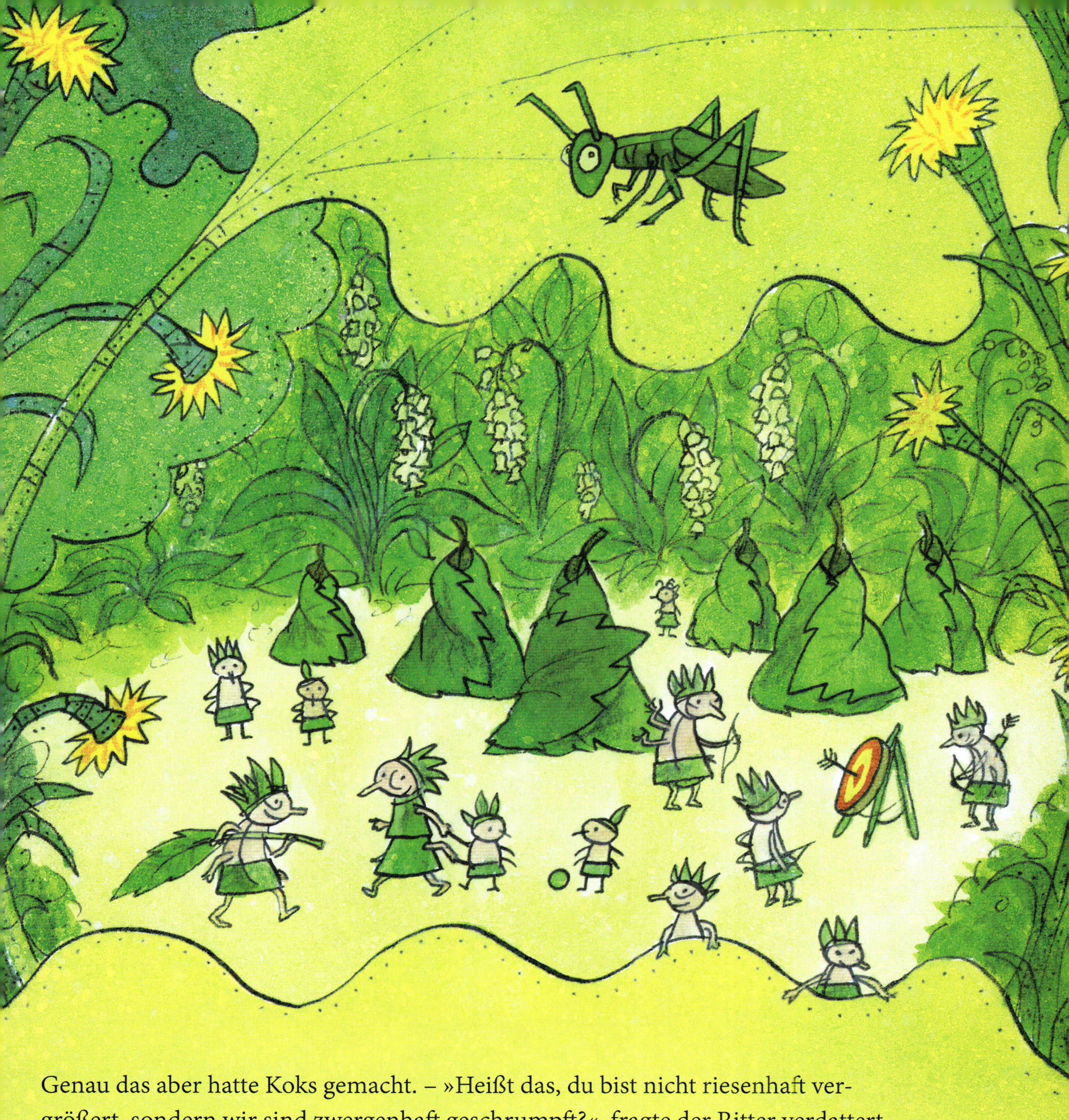

Genau das aber hatte Koks gemacht. – »Heißt das, du bist nicht riesenhaft vergrößert, sondern wir sind zwergenhaft geschrumpft?«, fragte der Ritter verdattert. »Ganz genau, du Miefmuschel. Aber vielleicht kann ich euch Zahnlückencowboys ja helfen«, überlegte die Kakerlake, die als Häuptlingin kein Blatt vor den Mund nahm. »Wenn ihr uns Kleine dafür zukünftig in Ruhe lasst, sind wir quitt.« – Nahe dem Komposthaufen war ein großes Lattichblatt und darunter verborgen lag ein Dorf. Es bestand aus vielen winzigen Zelten, zwischen denen es geschäftig wuselte. »Willkommen im Geheimversteck«, sagte Gaggophonia. »Aber wehe, ihr verratet uns.«

Bastle einen **Kopfschmuck**.
Du benötigst dazu Federn, einen
Streifen Wellpappe und ein Gummiband.

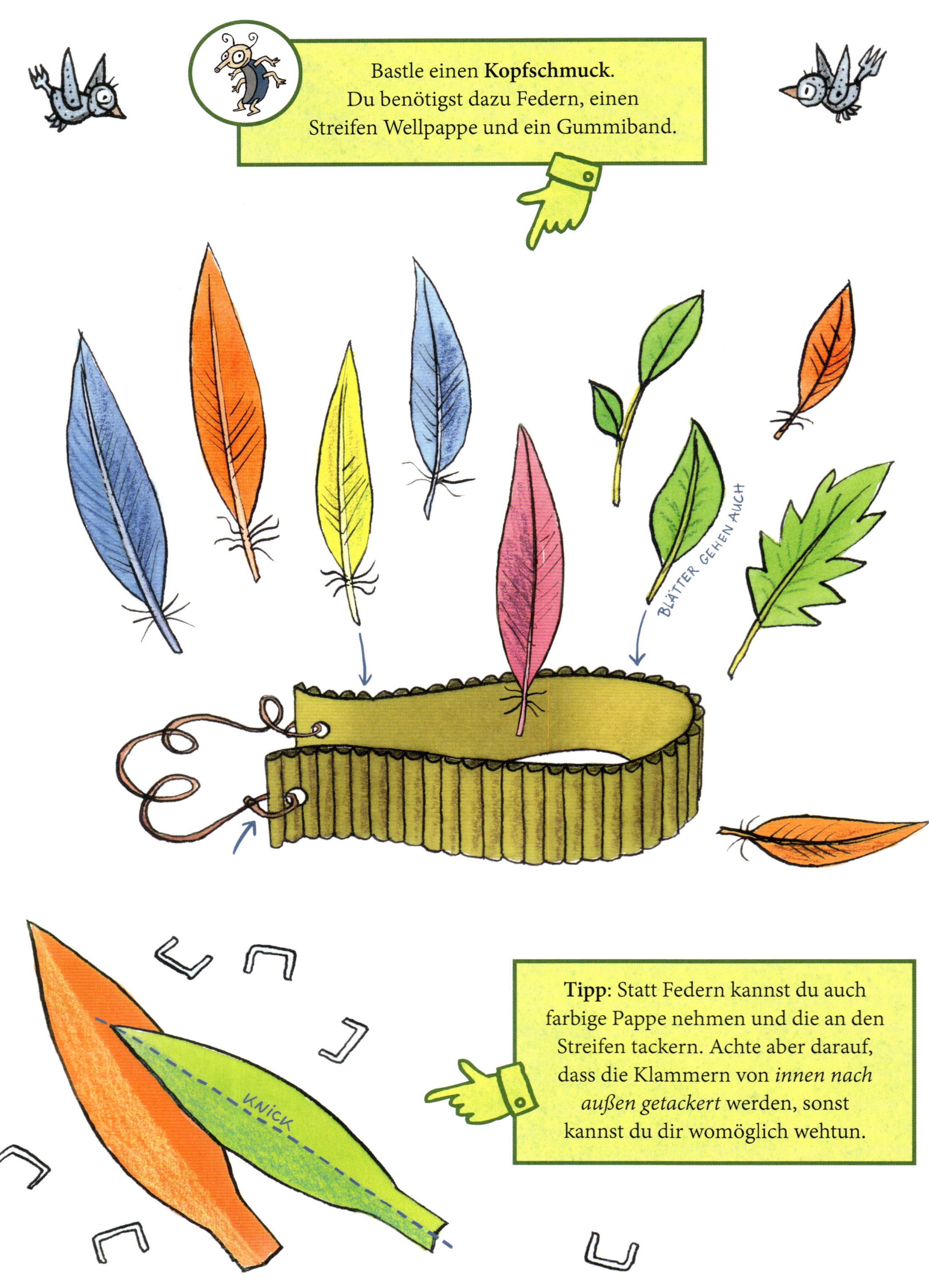

Tipp: Statt Federn kannst du auch farbige Pappe nehmen und die an den Streifen tackern. Achte aber darauf, dass die Klammern von *innen nach außen getackert* werden, sonst kannst du dir womöglich wehtun.

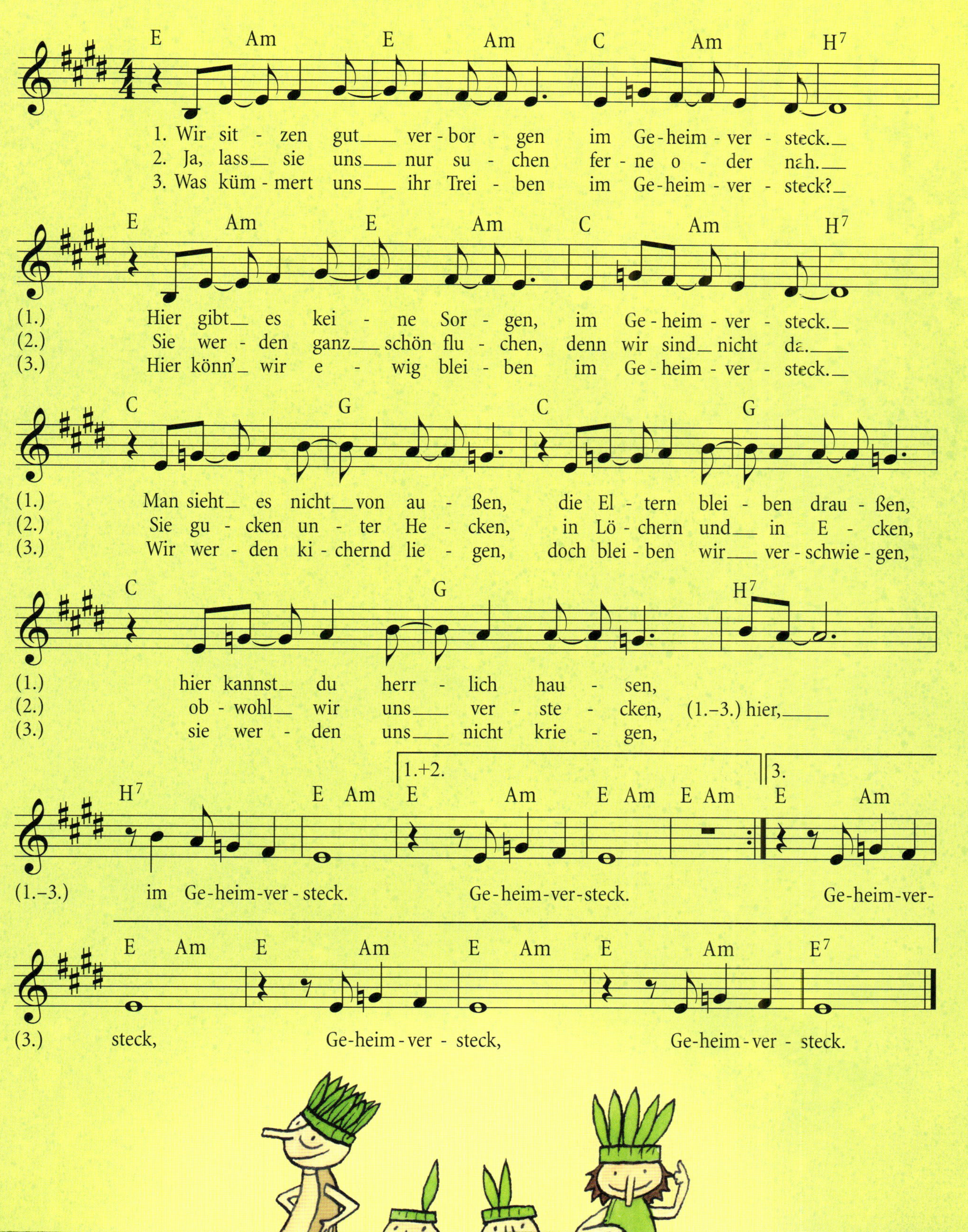
Im Geheimversteck
Text: Hilbert / Musik: Janosa
1. Wir sit - zen gut ver - bor - gen im Ge - heim - ver - steck.
2. Ja, lass sie uns nur su - chen fer - ne o - der nah.
3. Was küm - mert uns ihr Trei - ben im Ge - heim - ver - steck?
(1.) Hier gibt es kei - ne Sor - gen, im Ge - heim - ver - steck.
(2.) Sie wer - den ganz schön flu - chen, denn wir sind nicht da.
(3.) Hier könn' wir e - wig blei - ben im Ge - heim - ver - steck.
(1.) Man sieht es nicht von au - ßen, die El - tern blei - ben drau - ßen,
(2.) Sie gu - cken un - ter He - cken, in Lö - chern und in E - cken,
(3.) Wir wer - den ki - chernd lie - gen, doch blei - ben wir ver - schwie - gen,
(1.) hier kannst du herr - lich hau - sen,
(2.) ob - wohl wir uns ver - ste - cken, (1.–3.) hier,
(3.) sie wer - den uns nicht krie - gen,
1.+2.
3.
(1.–3.) im Ge-heim-ver - steck. Ge-heim-ver-steck. Ge-heim-ver-
(3.) steck, Ge-heim-ver - steck, Ge-heim-ver - steck.

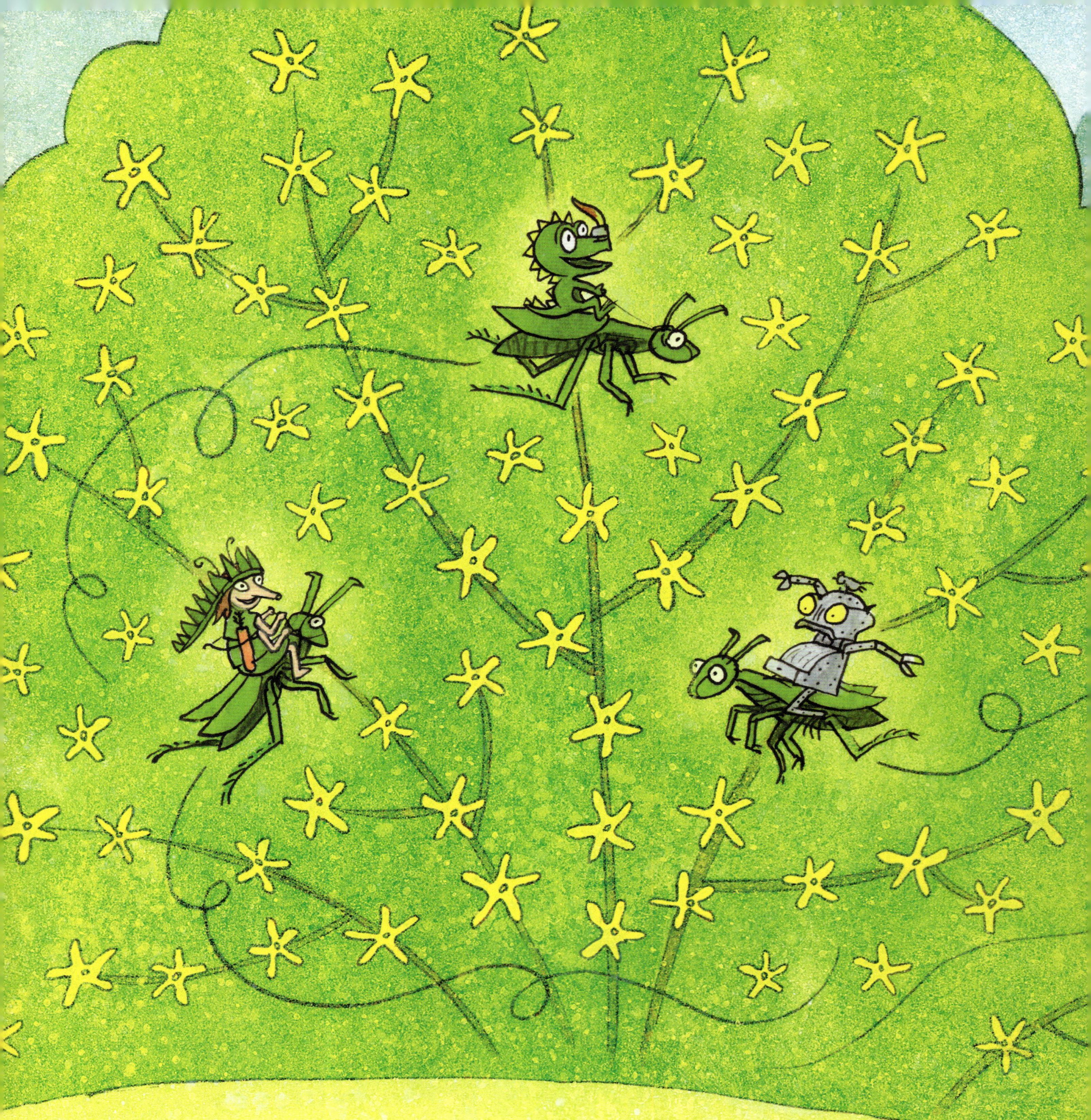

Gaggophonia brachte den Ritter Rost und Koks zum Medizin-Kakerlak. Gegen die Spucke eines Schrumpfkrabblers war der allerdings machtlos. Er sagte: »Eigentlich können Sie nur nach Hause gehen und hoffen, dass die Wirkung des Spuckspuks irgendwann nachlässt.« – »Leichter gesagt als getan«, knurrte Gaggophonia. »Die beiden Trieftrottel wohnen nämlich auf der Eisernen Burg. Für unsereinen ist das eine ziemlich lange Reise. Es sei denn …«

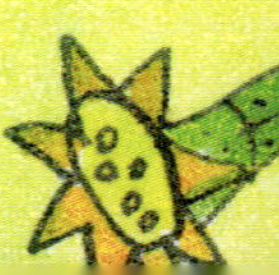

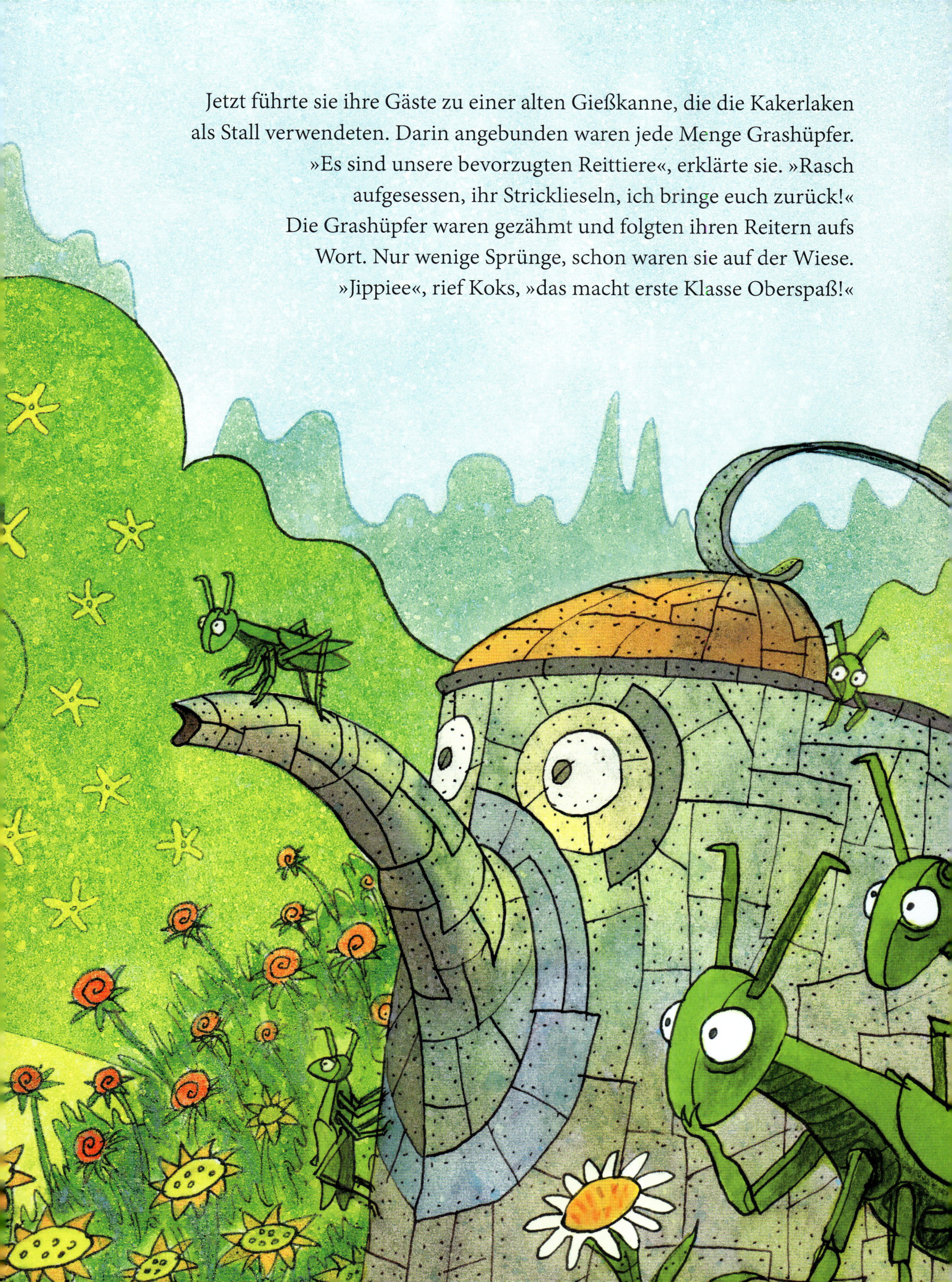

Jetzt führte sie ihre Gäste zu einer alten Gießkanne, die die Kakerlaken als Stall verwendeten. Darin angebunden waren jede Menge Grashüpfer. »Es sind unsere bevorzugten Reittiere«, erklärte sie. »Rasch aufgesessen, ihr Stricklieseln, ich bringe euch zurück!«
Die Grashüpfer waren gezähmt und folgten ihren Reitern aufs Wort. Nur wenige Sprünge, schon waren sie auf der Wiese.
»Jippiee«, rief Koks, »das macht erste Klasse Oberspaß!«

Das **Grashüpferspiel** (auch Himmel und Hölle genannt). Es gibt davon ungefähr so viele Varianten, wie es Grashüpfer gibt. Hier ist eine davon:

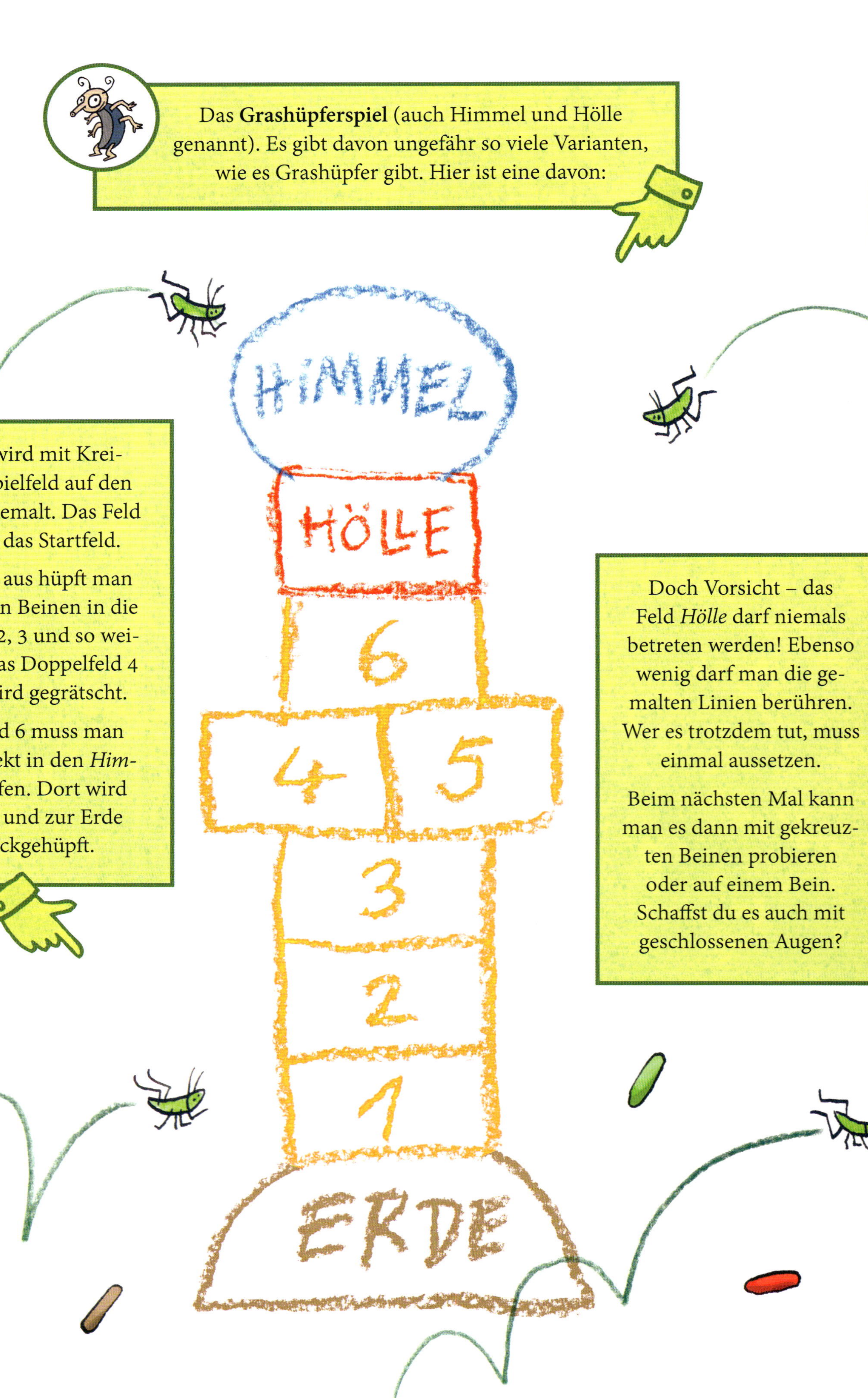

Zuerst wird mit Kreide das Spielfeld auf den Gehweg gemalt. Das Feld *Erde* ist das Startfeld.

Von hier aus hüpft man mit beiden Beinen in die Felder 1, 2, 3 und so weiter. Für das Doppelfeld 4 und 5 wird gegrätscht.

Von Feld 6 muss man dann direkt in den *Himmel* hüpfen. Dort wird gedreht und zur Erde zurückgehüpft.

Doch Vorsicht – das Feld *Hölle* darf niemals betreten werden! Ebenso wenig darf man die gemalten Linien berühren. Wer es trotzdem tut, muss einmal aussetzen.

Beim nächsten Mal kann man es dann mit gekreuzten Beinen probieren oder auf einem Bein. Schaffst du es auch mit geschlossenen Augen?

Der Grashüpfer

Text: Hilbert / Musik: Janosa

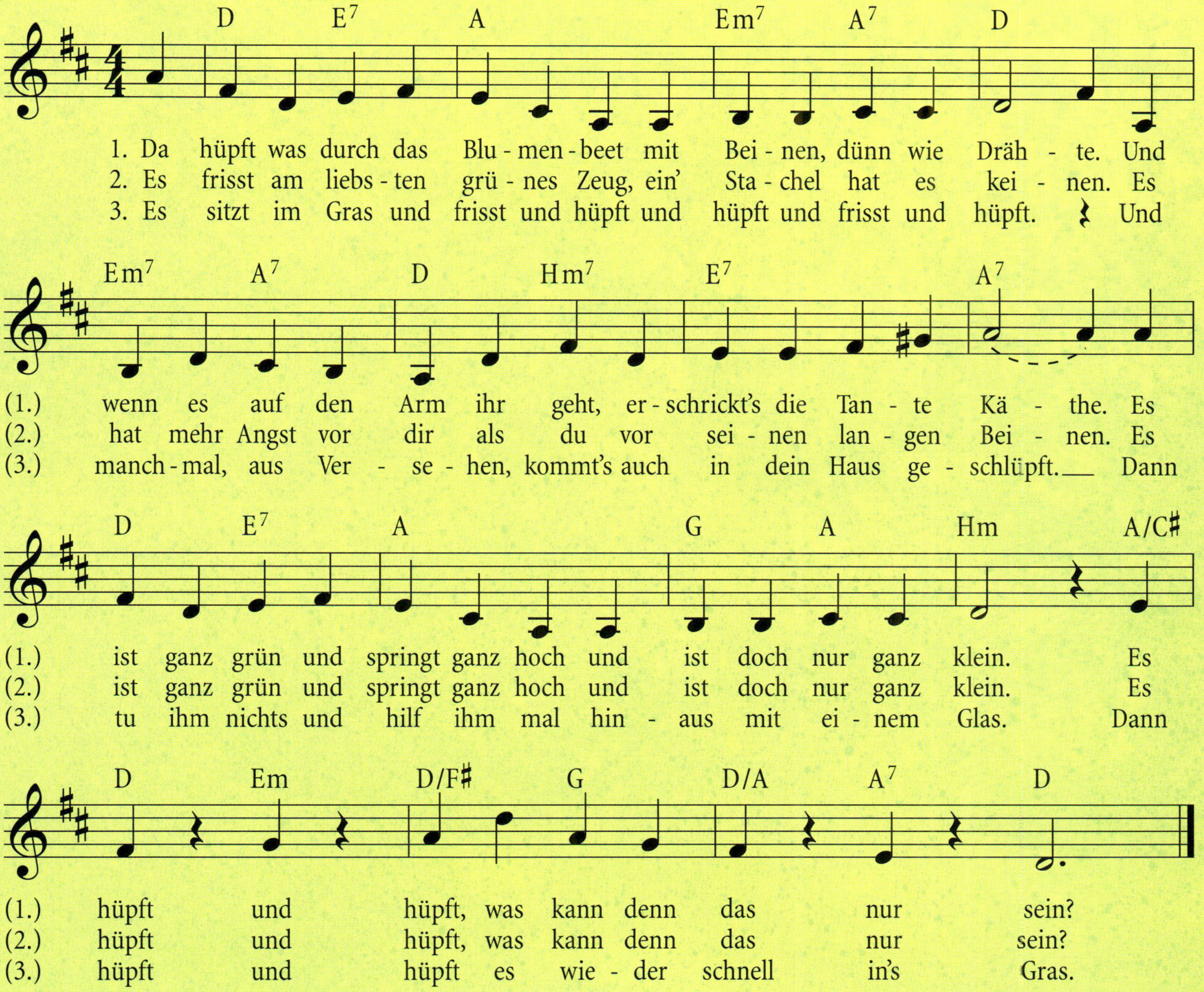

D E7 A Em7 A7 D

1. Da hüpft was durch das Blu - men - beet mit Bei - nen, dünn wie Dräh - te. Und
2. Es frisst am liebs - ten grü - nes Zeug, ein' Sta - chel hat es kei - nen. Es
3. Es sitzt im Gras und frisst und hüpft und hüpft und frisst und hüpft. Und

Em7 A7 D Hm7 E7 A7

(1.) wenn es auf den Arm ihr geht, er - schrickt's die Tan - te Kä - the. Es
(2.) hat mehr Angst vor dir als du vor sei - nen lan - gen Bei - nen. Es
(3.) manch - mal, aus Ver - se - hen, kommt's auch in dein Haus ge - schlüpft.__ Dann

D E7 A G A Hm A/C♯

(1.) ist ganz grün und springt ganz hoch und ist doch nur ganz klein. Es
(2.) ist ganz grün und springt ganz hoch und ist doch nur ganz klein. Es
(3.) tu ihm nichts und hilf ihm mal hin - aus mit ei - nem Glas. Dann

D Em D/F♯ G D/A A7 D

(1.) hüpft und hüpft, was kann denn das nur sein?
(2.) hüpft und hüpft, was kann denn das nur sein?
(3.) hüpft und hüpft es wie - der schnell in's Gras.

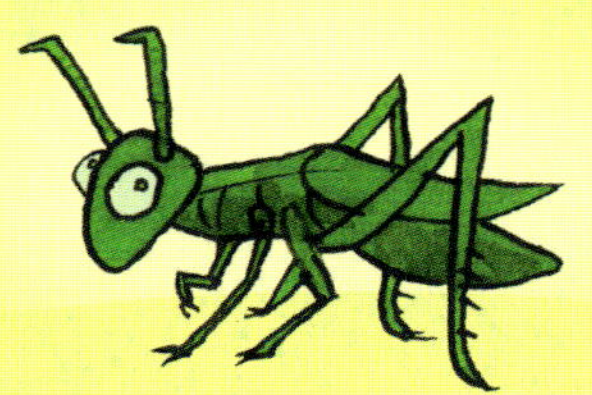

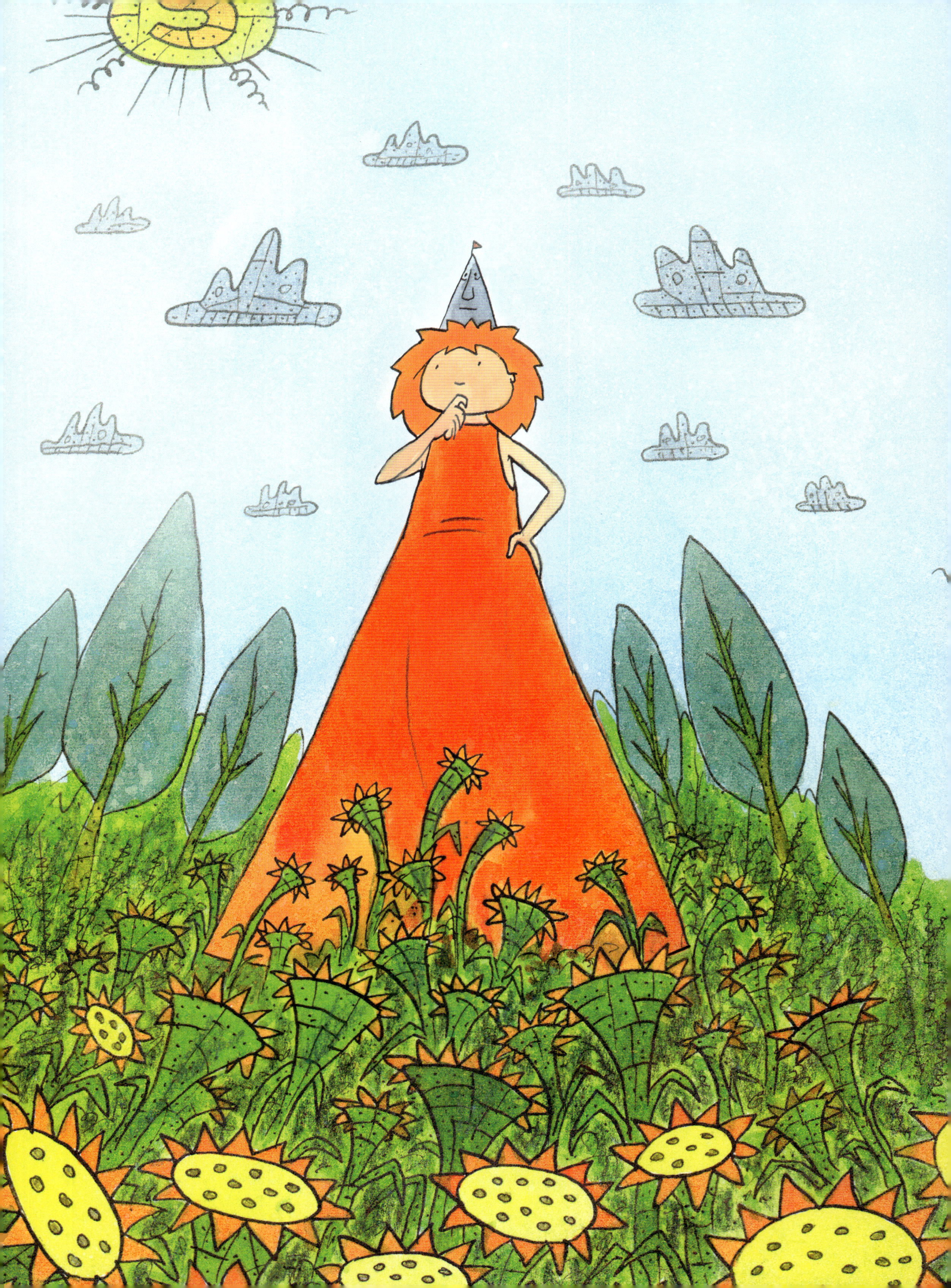

In der Zwischenzeit war Bö zurück in den Garten gekommen, um nachzusehen, ob Koks und der Ritter Rost auch wirklich arbeiteten. »Komisch«, wunderte sie sich, »man hört sie nicht, man sieht sie nicht … Sie werden sich doch nicht verstecken?«
»Hier sind wir doch!«, rief der Ritter Rost. »In Miniaturausgabe!«
Aber Bö hörte ihn nicht und ging woanders weitersuchen.
»Potz Wellenblech und Stacheldraht! Das ist total gemein«, beschwerte sich der Ritter. »Eigentlich müsste ich der Riese sein und nicht Bö, weil ich so viel großartiger bin. Zur Eisernen Burg wäre es dann nur ein Schritt und zum Ausruhen würde ich mich auf ein Haus setzen.«

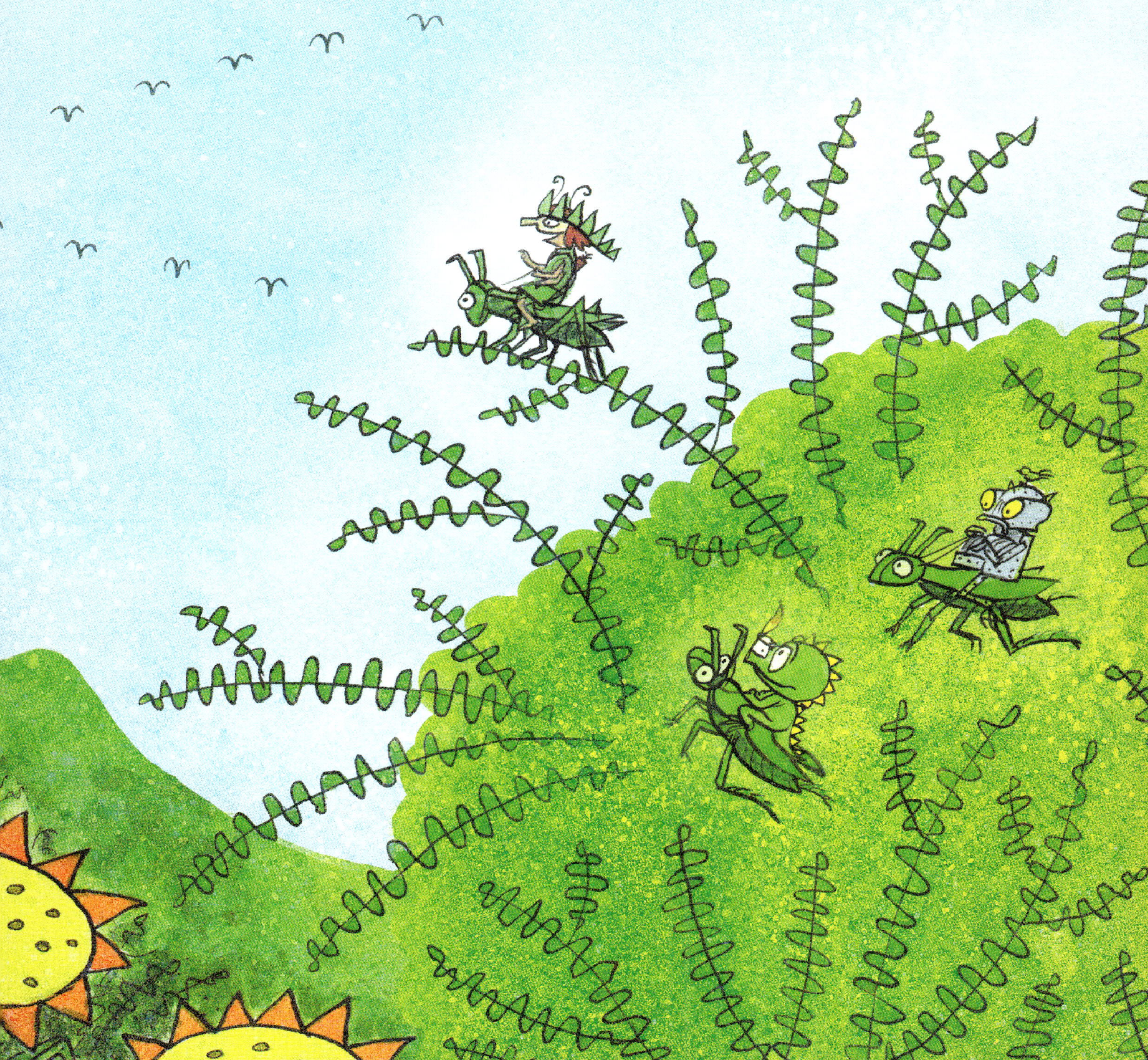

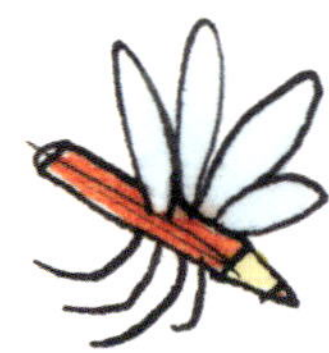
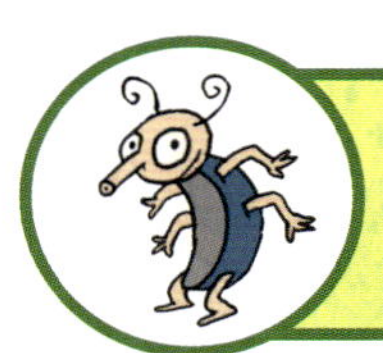

Malschule 2
Wie man das Burgfräulein Bö malt

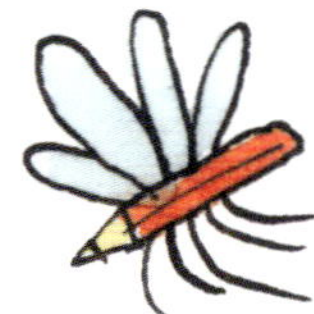

Das Burgfräulein malt man ähnlich wie zuvor den Ritter:

A) Vorzeichnung aus dünnen Bleistiftkreisen und -strichen.
B) Die wichtigsten Formen kommen dazu.
C) Mit Tusche oder Filzstift nachzeichnen.
D) Bleistiftlinien wegradieren.
E) Farbig ausmalen.

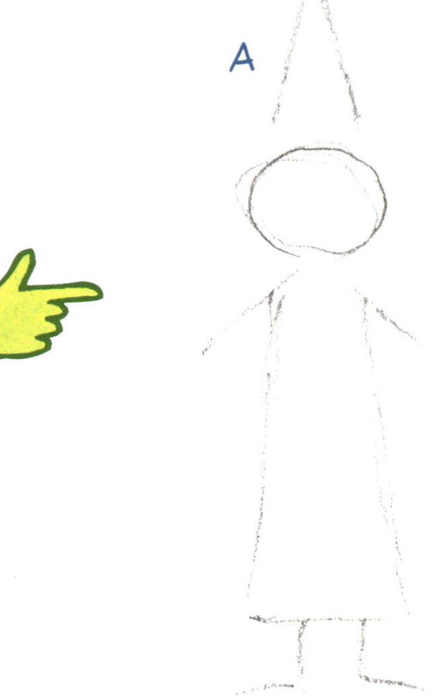

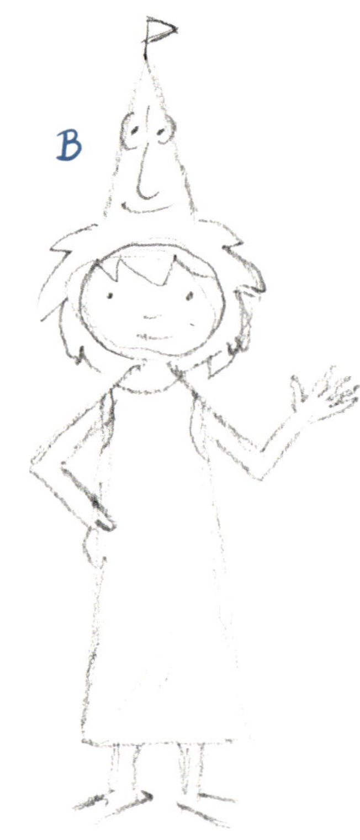

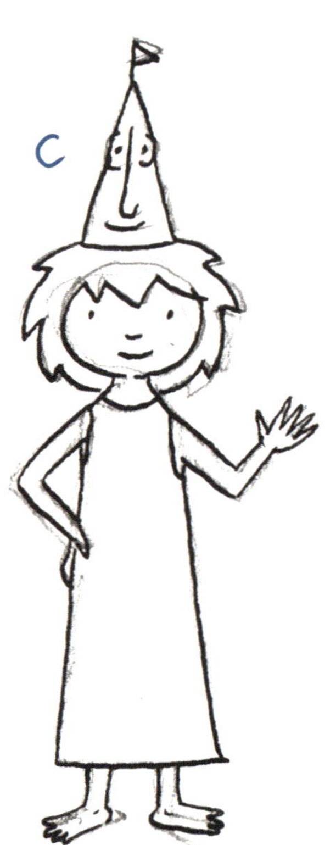

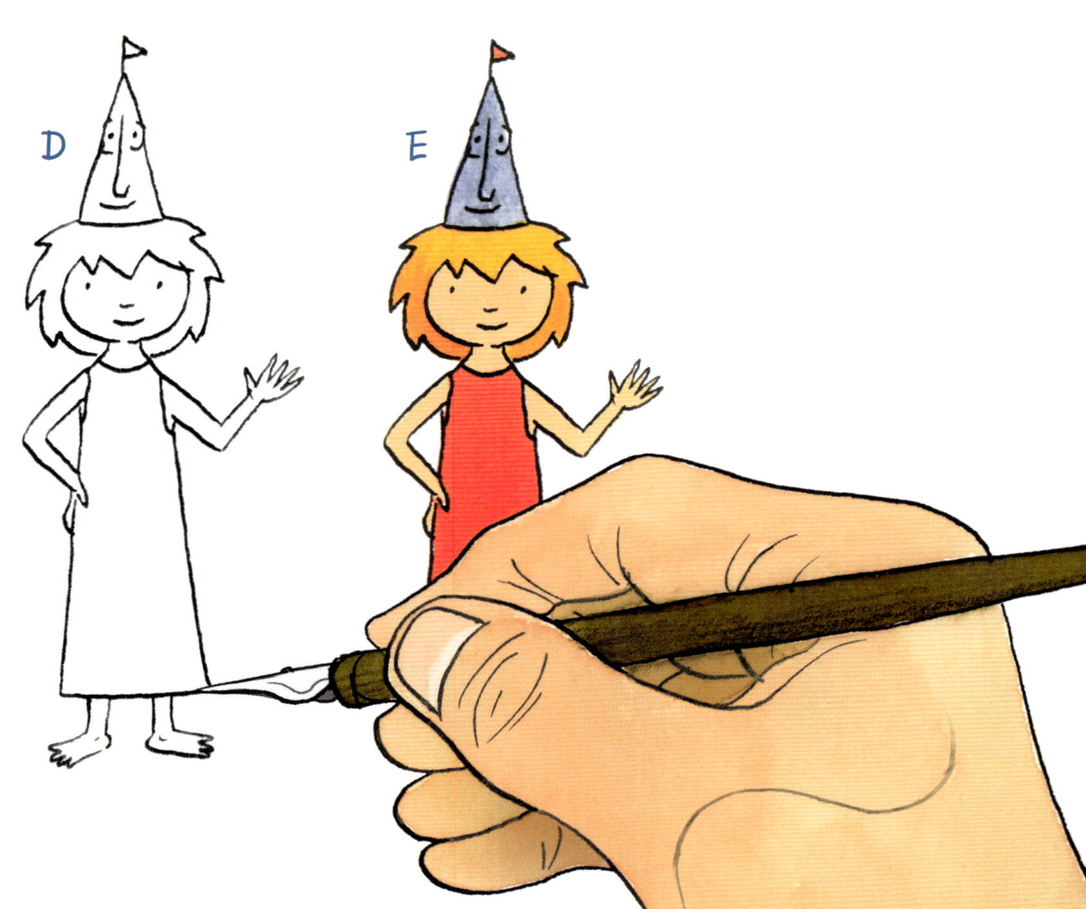

Der dicke Riese Zimperlich

Text: Hilbert / Musik: Janosa

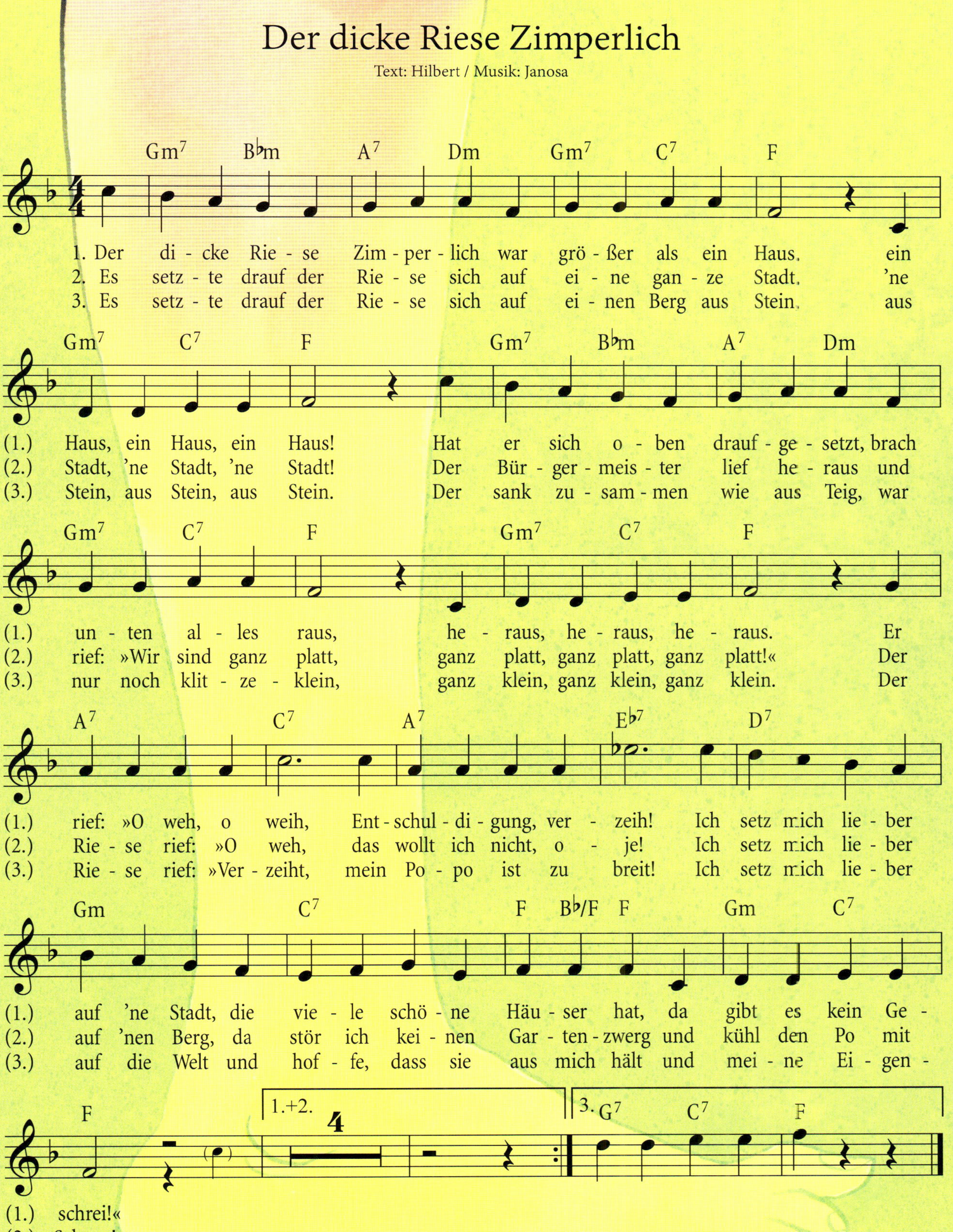

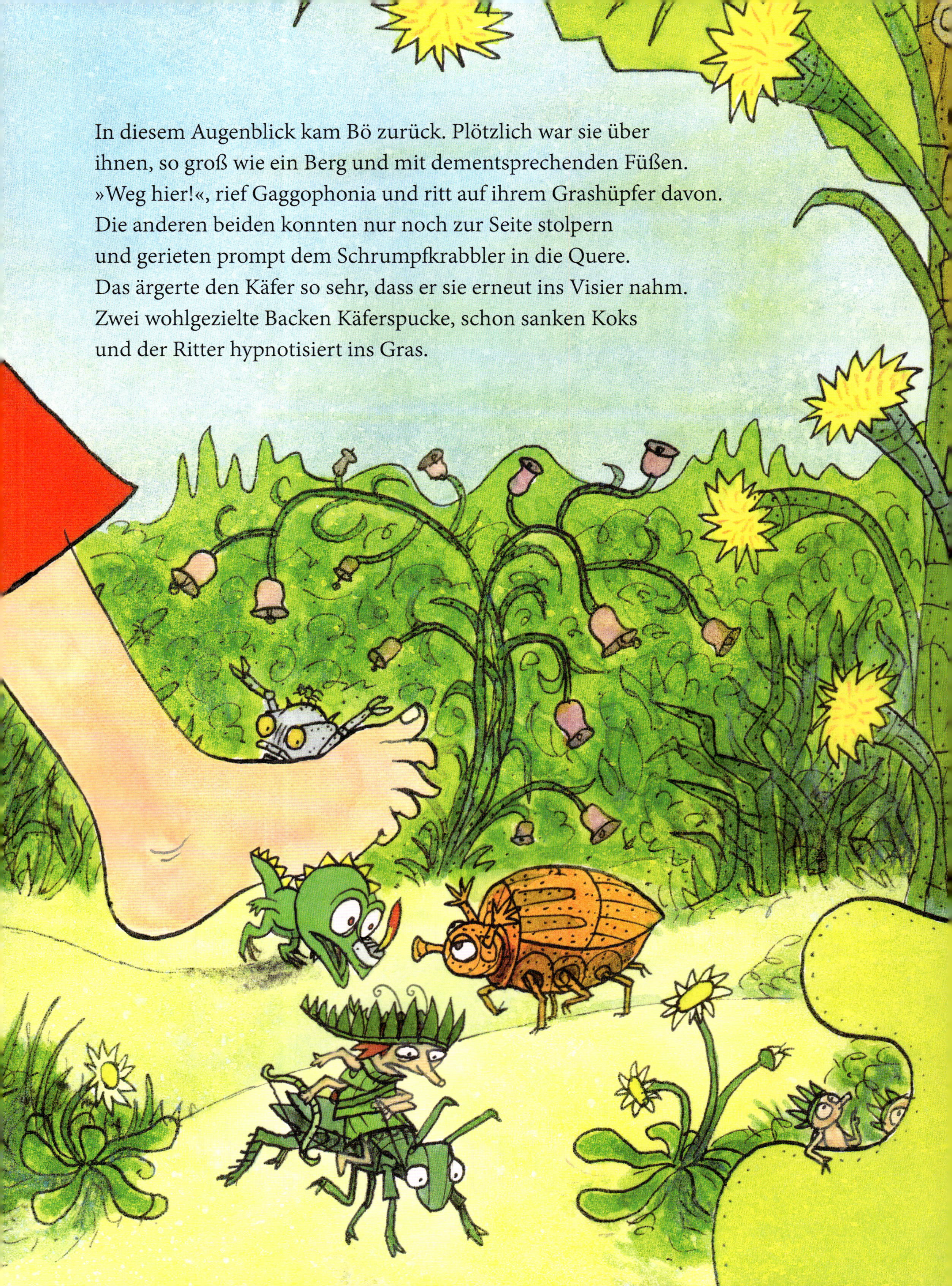

In diesem Augenblick kam Bö zurück. Plötzlich war sie über ihnen, so groß wie ein Berg und mit dementsprechenden Füßen. »Weg hier!«, rief Gaggophonia und ritt auf ihrem Grashüpfer davon. Die anderen beiden konnten nur noch zur Seite stolpern und gerieten prompt dem Schrumpfkrabbler in die Quere. Das ärgerte den Käfer so sehr, dass er sie erneut ins Visier nahm. Zwei wohlgezielte Backen Käferspucke, schon sanken Koks und der Ritter hypnotisiert ins Gras.

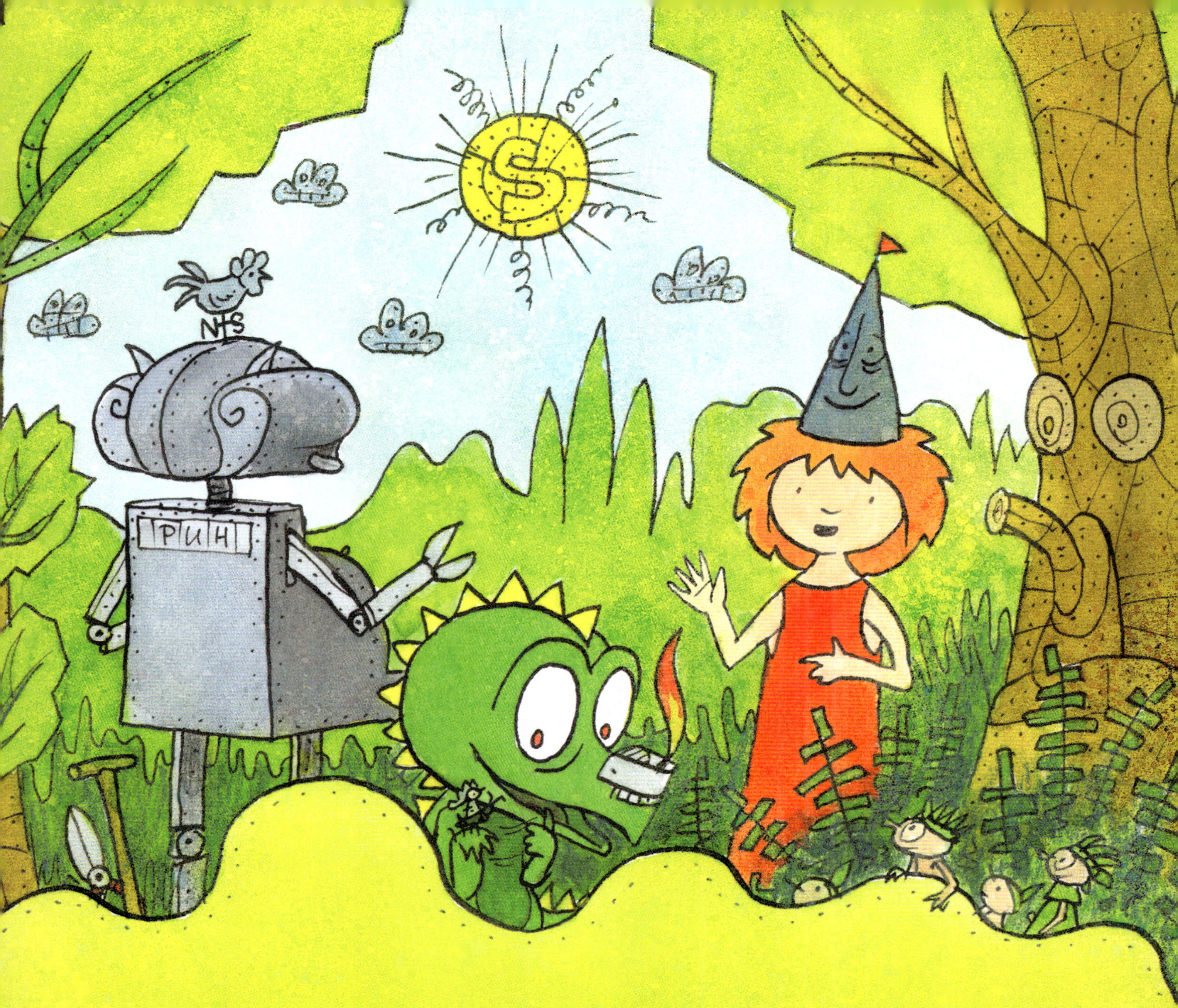

Doch weil ein zweiter Zauber den ersten immer aufhebt, verwandelten sich die beiden zurück in ihre normale Größe.

»Da seid ihr ja!«, begrüßte sie Bö. »Fast hätte ich gedacht, ihr wolltet euch drücken.«

»So was würden wir doch niemals tun«, erwiderte der Ritter Rost.

»Wir sind ganz fleißig«, bestätigte Koks. »Beim Komposthaufen haben wir sogar etwas entdeckt, da ist …« In diesem Moment landete Gaggophonia auf seiner Hand.

»Ups, nee, das sollten wir ja nicht verraten …«, sagte Koks.

Zu seiner Überraschung wusste Bö schon, was er sagen wollte: »Du meinst die geheime Stadt der Zierkakerlaken, stimmt's?«, fragte sie. »Die sind ganz selten und drum sollen sie nicht gestört werden. Versprecht ihr mir also, dass das unter uns bleibt?«

»Wir können schweigen wie ein Grab«, versichtern Koks und der Ritter Rost.

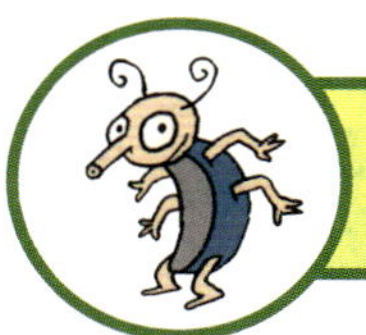

Züchte dir selbst **Kresse**

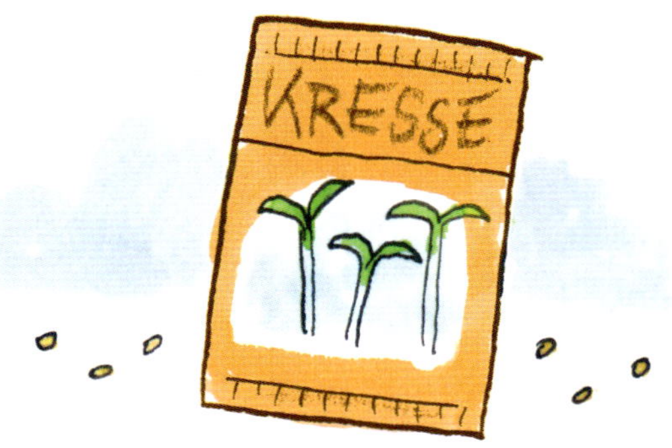

Du benötigst dazu Kressesamen, eine Schale, Watte, Wasser und ein bisschen Geduld.

Lege eine Schicht Watte in das Schälchen und streue die Kressesamen darauf. Dann gieße vorsichtig genau so viel Wasser darüber, wie die Watte aufsaugen kann (nicht mehr!). Halte die Watte auch in den nächsten Tagen immer feucht.

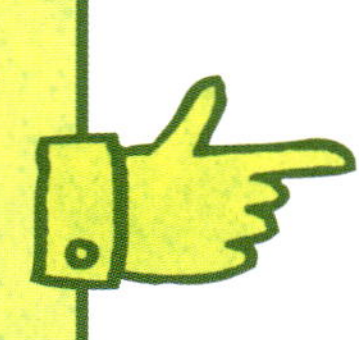

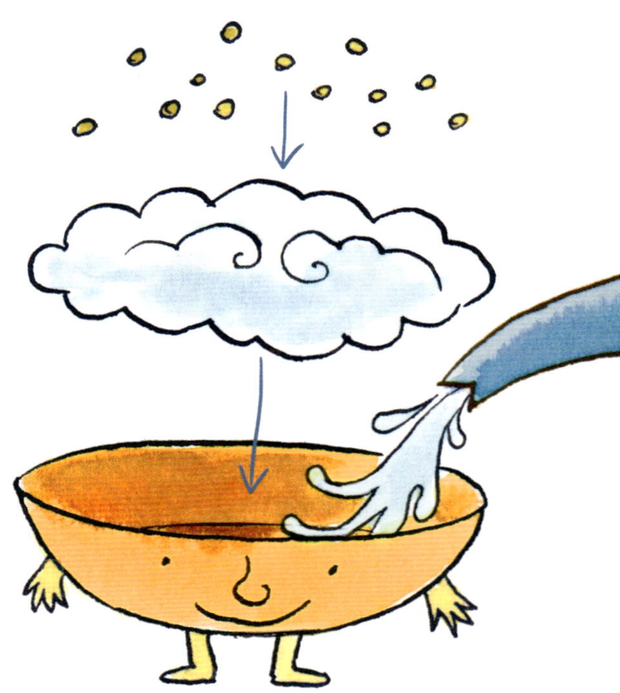

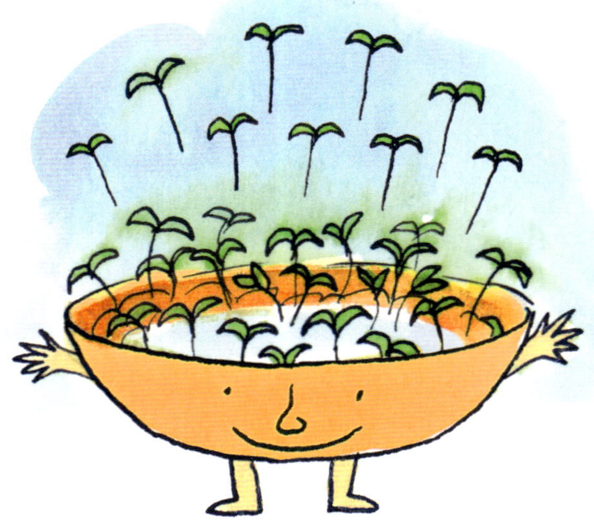

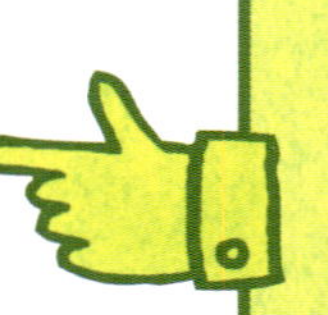

Nach zwei, drei Tagen beginnt die Kresse zu keimen. Nach einer Woche ist sie dann so groß, dass man sie abschneiden und essen kann. Am besten schmeckt Kresse auf einem Butterbrot mit Quark.

Schweigen wie ein Grab

Text: Hilbert / Musik: Janosa

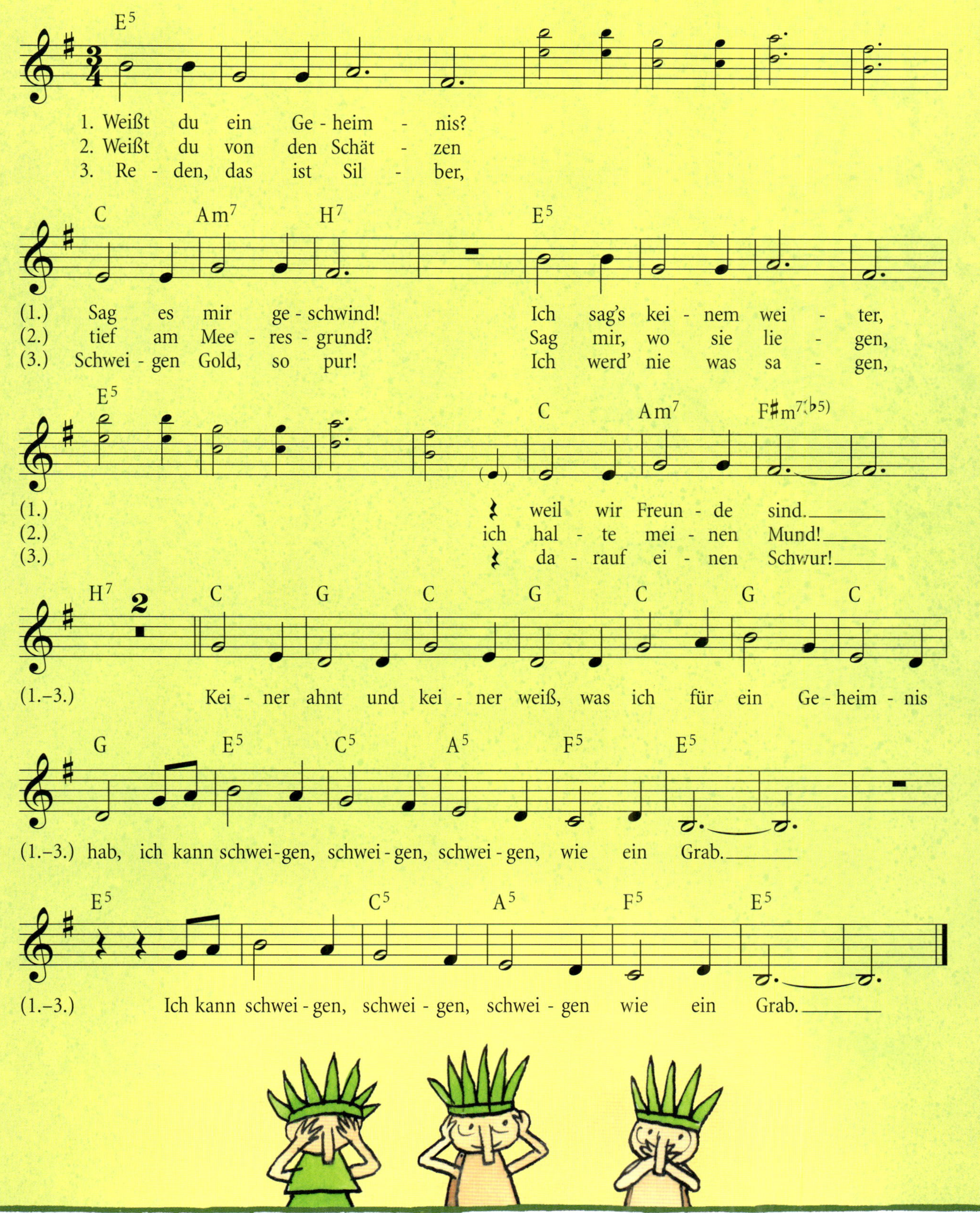

ERZÄHLER: Fritz Stavenhagen
BÖ: Patricia Prawit
KOKS, Ratzefummel: Felix Janosa
RITTER ROST: Björn Dömkes
Nessie: Tabea Hilbert
WALHEIMAT: Jörg Hilbert
König Bleifuß: Dieter Brink
ANIMATEURIN: Elke Schlimbach
LIED VOM TIEFSEEPFERD: Friederike Stirken
KINDERCHOR: Eldrid Fettweiß, Alma Froemer, Anika Maaß
LEITUNG KINDERCHOR: Angela Froemer
BACKING VOCALS: Prawit, Brink, Betty Striewe, Julita Elmas
PIANO, KEYBOARDS: Felix Janosa
GITARRE: Dieter Brink, Rolf Marx
BANJO: Rolf Marx
BASS: Antoine Pütz, Dieter Brink, Alex Morsey
DRUMS, PERCUSSION: Steffen Thormählen, Dieter Brink
SAXOFON: Jörg Kaufmann
KLARINETTE: Engelbert Wrobel
AKKORDEON: Manfred Leuchter
ARRANGEMENTS UND PRODUKTION: Felix Janosa
AUFNAHME, MIX UND MASTERING 2014: Alex Jacobi, Jan Felix Klein, Aachen

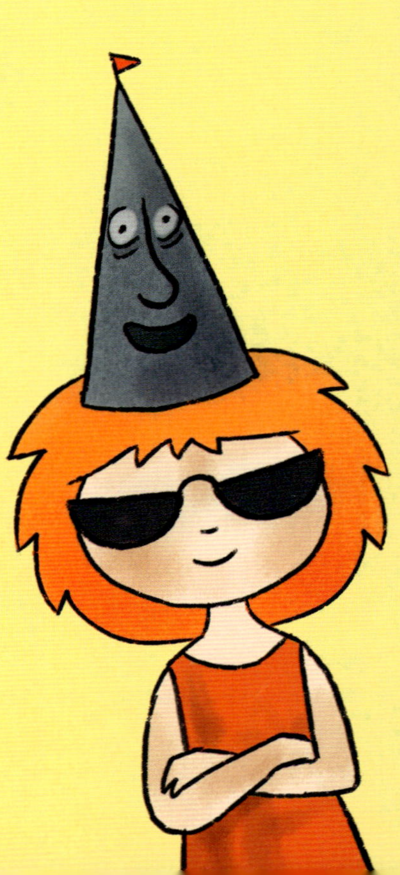

HÖRSPIEL 2: SOMMER

RITTER ROST AUF GROSSER FAHRT

1 **Trailer**
2 HÖRSPIEL: Am Strand
3 **Ansichtskartenschreibestress**
4 HÖRSPIEL: Auf dem Meer
5 **Ferien! Ferien!**
6 HÖRSPIEL: Der Sturm
7 **Das Tiefseepferd**
8 HÖRSPIEL: In der Walheimat
9 **Una piccola canzone**
10 HÖRSPIEL: Das Monster von Loch Ness
11 **Nessie**
12 HÖRSPIEL: Das Kreuzfahrtschiff
13 **Ich packe meinen Koffer ein**

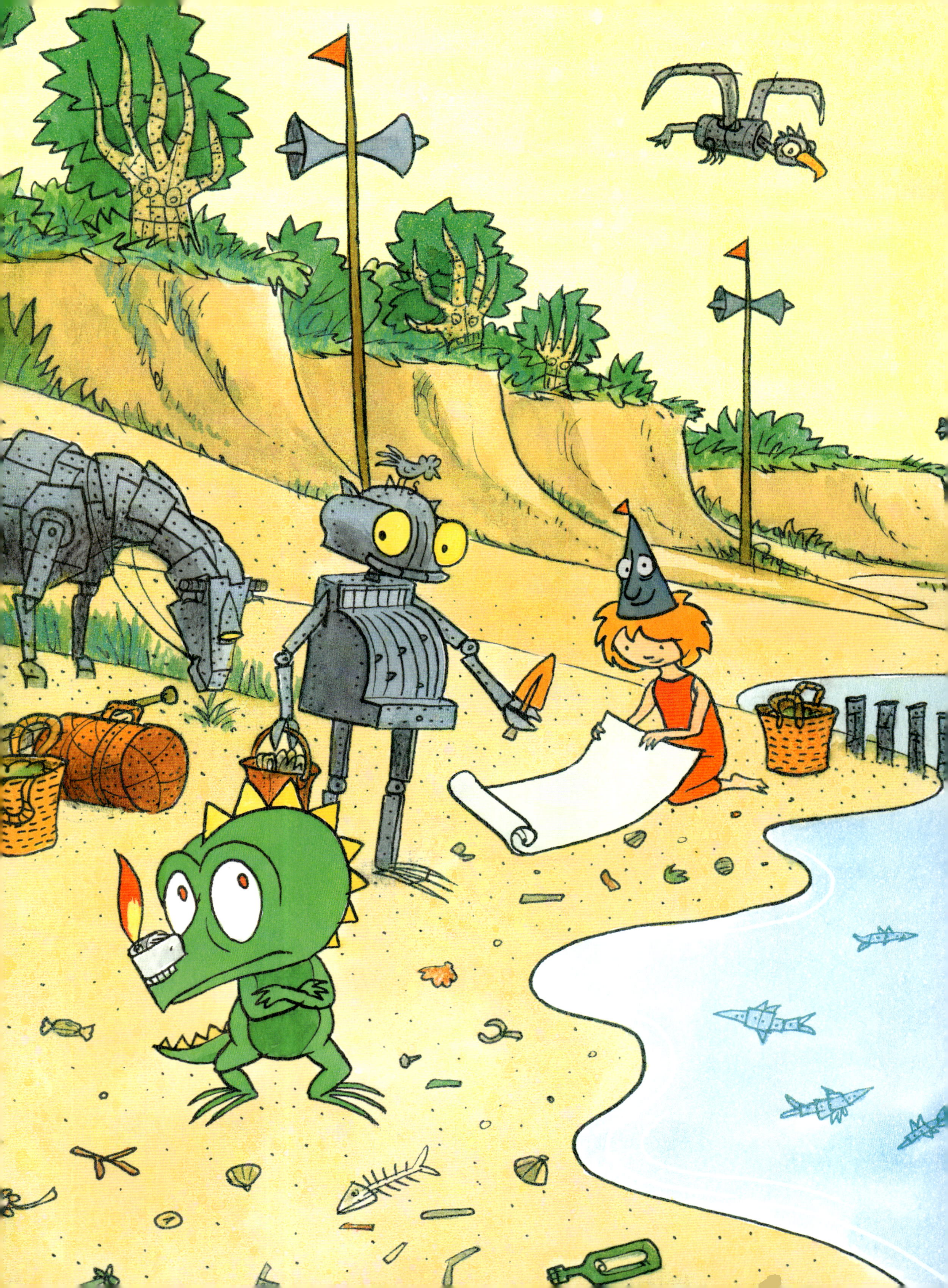

Es war Sommer. Der Ritter Rost hatte sich einen freien Tag genommen. Koks der Drache hatte das Pferd gesattelt und das Burgfräulein Bö Proviant eingepackt. Und dann waren sie zum Strand geritten.

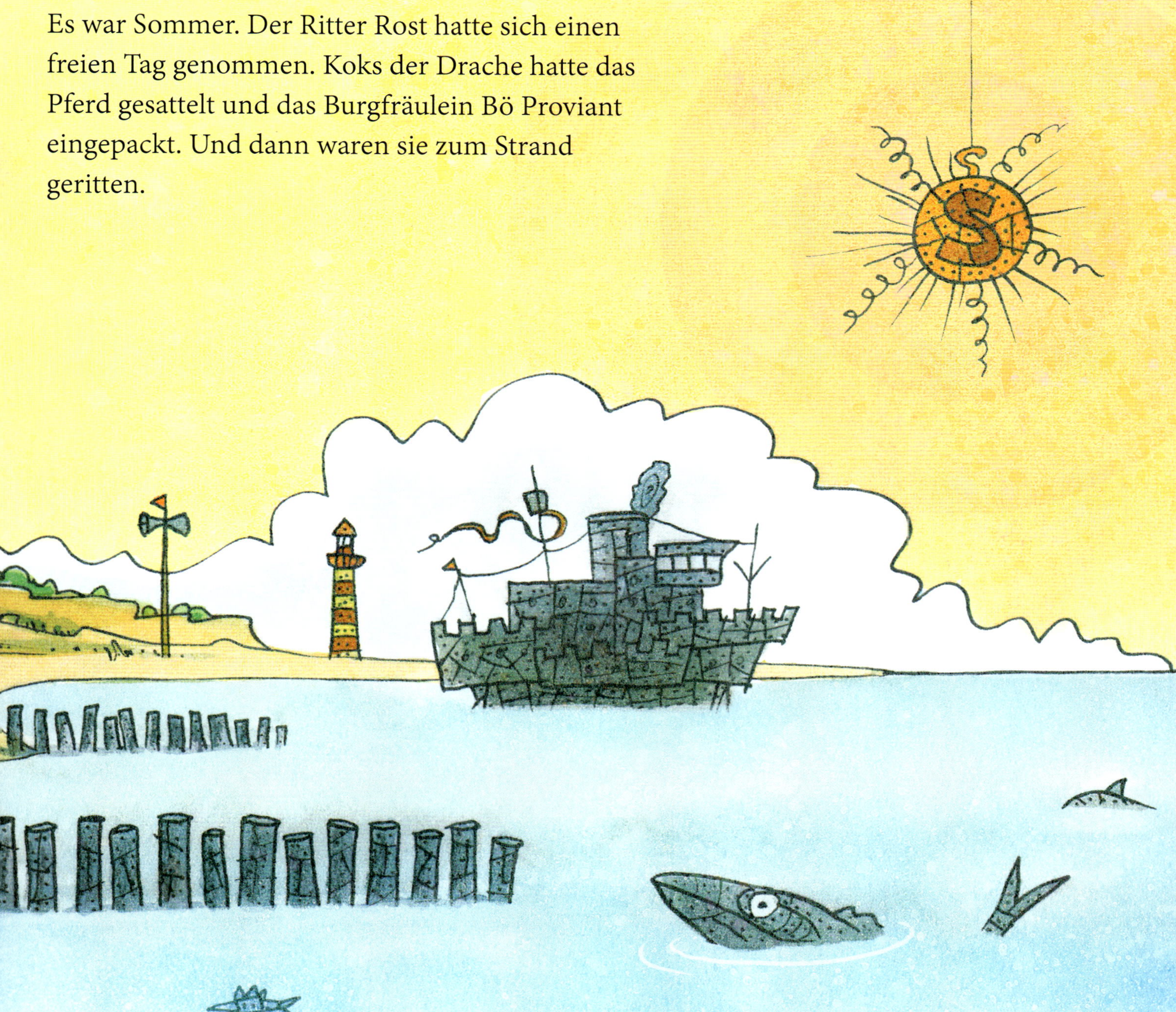

»Guck mal, was ich dir eingepackt habe«, sagte der Ritter zu Koks. »Einen Eimer, eine Schippe und jede Menge Förmchen. Komm, geh schön spielen!«

»Schippe? Förmchen?«, fragte Koks abfällig. »Ich bin doch kein Baby mehr.«

»Wenn ihr nichts Besseres zu tun habt, könnt ihr mir ja helfen, Ansichtskarten zu schreiben«, schlug Bö vor. Nicht etwa, dass sie das gerne tat, aber was sein muss, muss sein. Es heißt ja nicht umsonst: Schreiben muss man allen, die man mag. Und den Verwandten.

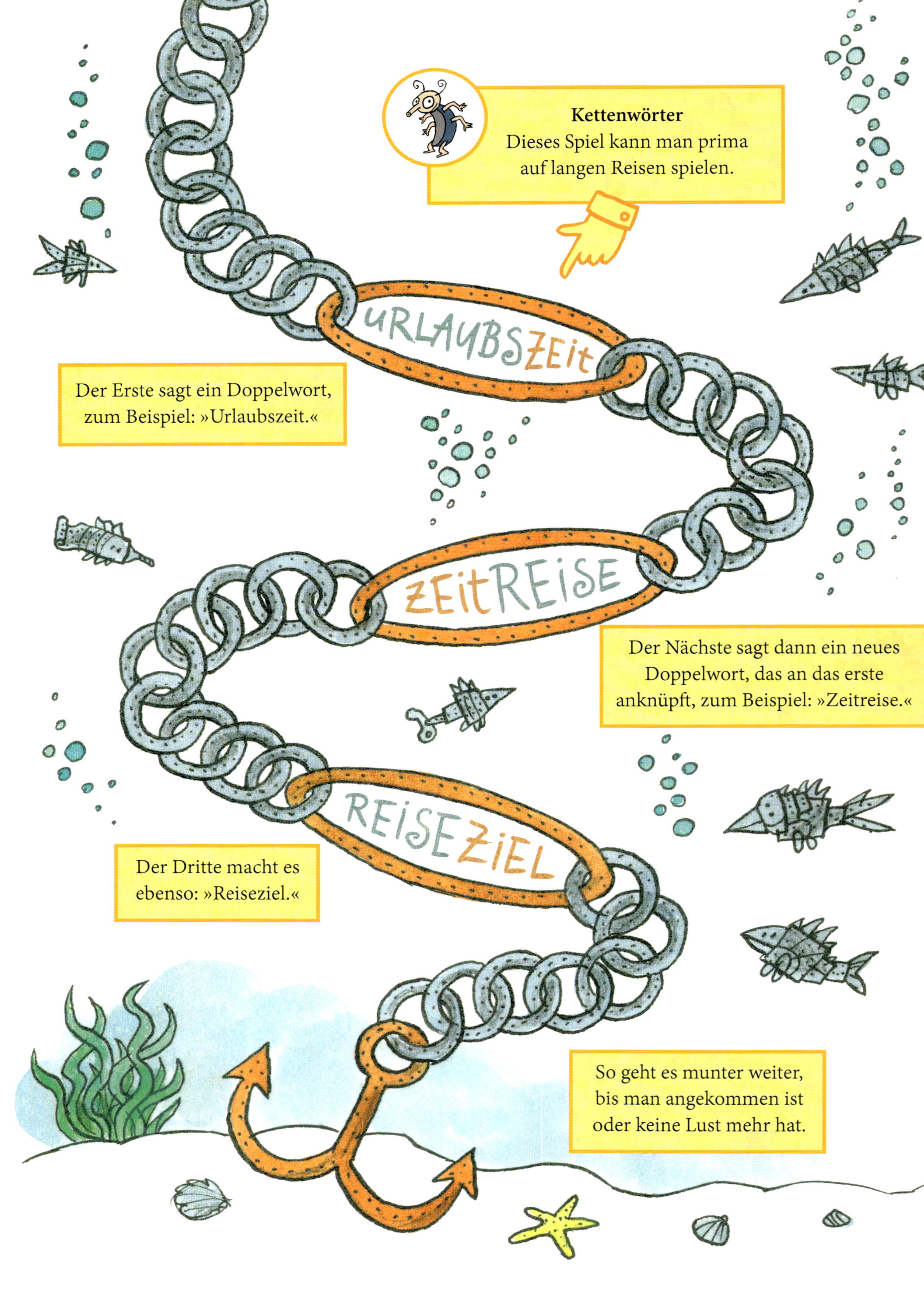
Kettenwörter
Dieses Spiel kann man prima auf langen Reisen spielen.
URLAUBSZEIT
Der Erste sagt ein Doppelwort, zum Beispiel: »Urlaubszeit.«
ZEITREISE
Der Nächste sagt dann ein neues Doppelwort, das an das erste anknüpft, zum Beispiel: »Zeitreise.«
REISEZIEL
Der Dritte macht es ebenso: »Reiseziel.«
So geht es munter weiter, bis man angekommen ist oder keine Lust mehr hat.

Ansichtskartenschreibestress

Text: Hilbert / Musik: Janosa

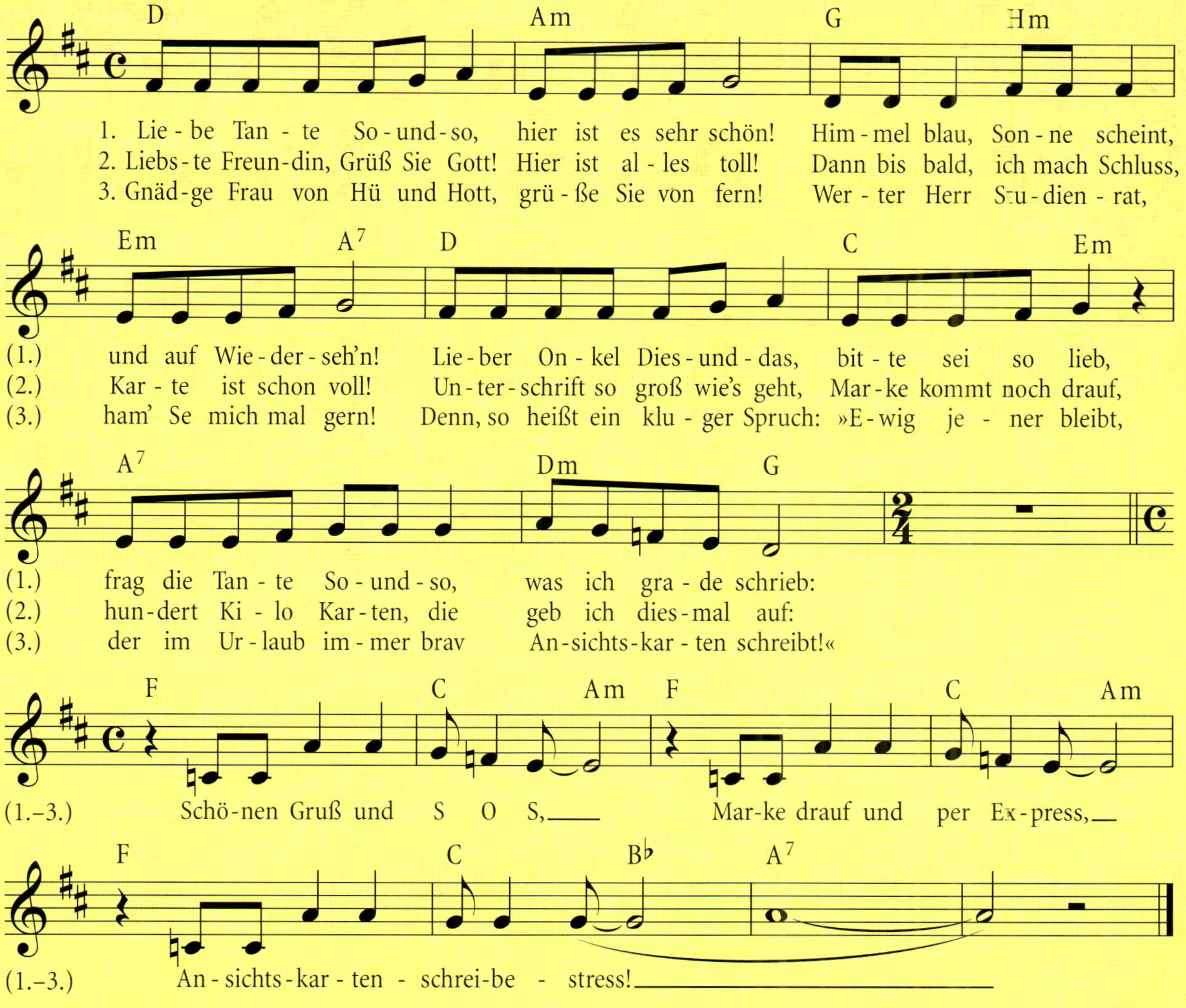

D | Am | G Hm

1. Lie - be Tan - te So - und - so, hier ist es sehr schön! Him - mel blau, Son - ne scheint,
2. Liebs - te Freun - din, Grüß Sie Gott! Hier ist al - les toll! Dann bis bald, ich mach Schluss,
3. Gnäd - ge Frau von Hü und Hott, grü - ße Sie von fern! Wer - ter Herr Stu - dien - rat,

Em A7 | D | C Em

(1.) und auf Wie - der - seh'n! Lie - ber On - kel Dies - und - das, bit - te sei so lieb,
(2.) Kar - te ist schon voll! Un - ter - schrift so groß wie's geht, Mar - ke kommt noch drauf,
(3.) ham' Se mich mal gern! Denn, so heißt ein klu - ger Spruch: »E - wig je - ner bleibt,

A7 | Dm G

(1.) frag die Tan - te So - und - so, was ich gra - de schrieb:
(2.) hun - dert Ki - lo Kar - ten, die geb ich dies - mal auf:
(3.) der im Ur - laub im - mer brav An - sichts - kar - ten schreibt!«

F | C Am | F | C Am

(1.–3.) Schö - nen Gruß und S O S, Mar - ke drauf und per Ex - press,

F | C B♭ | A7

(1.–3.) An - sichts - kar - ten - schrei - be - stress!

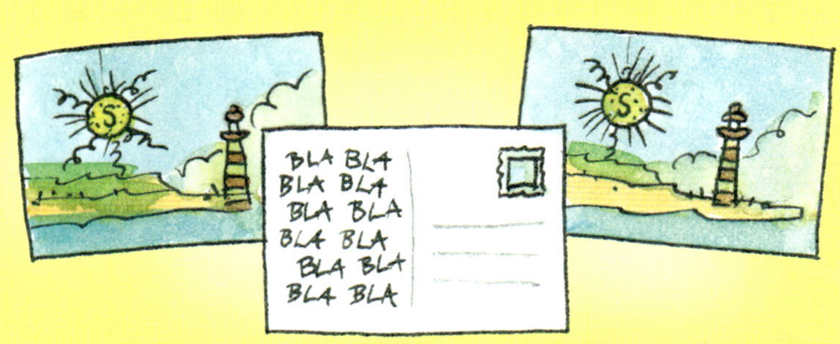

Auf einmal schallte eine Durchsage aus den Lautsprechern der Strandwacht: »Achtung, Achtung!«, tönte es. »Letzter Aufruf an alle Ritter! König Bleifuß bittet Sie dringend, sich am Passagierkai einzufinden!«

»Oje, das riecht nach Arbeit«, jammerte der Ritter Rost, denn Bleifuß war sein Chef. Dann holte er ein Schlauchboot hervor und pumpte es auf. »Los, rein mit euch!«, sagte er. »Besser, wir verduften.«

»Und was wird aus meinen Ansichtskarten?«, fragte Bö.

»Die schreiben wir zu Hause fertig«, sagte der Ritter Rost. »Merkt sowieso keiner.«

Damit stachen sie in See.

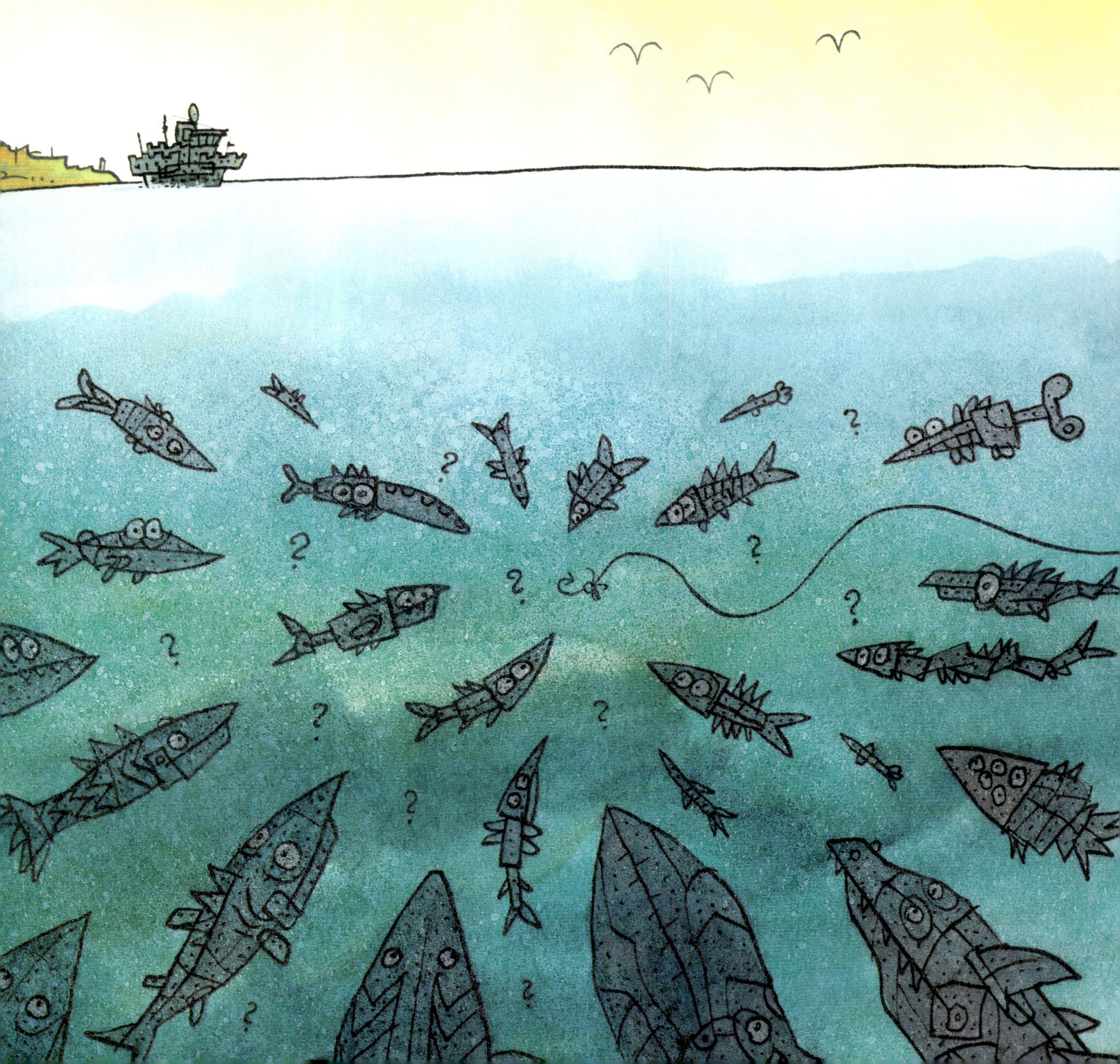

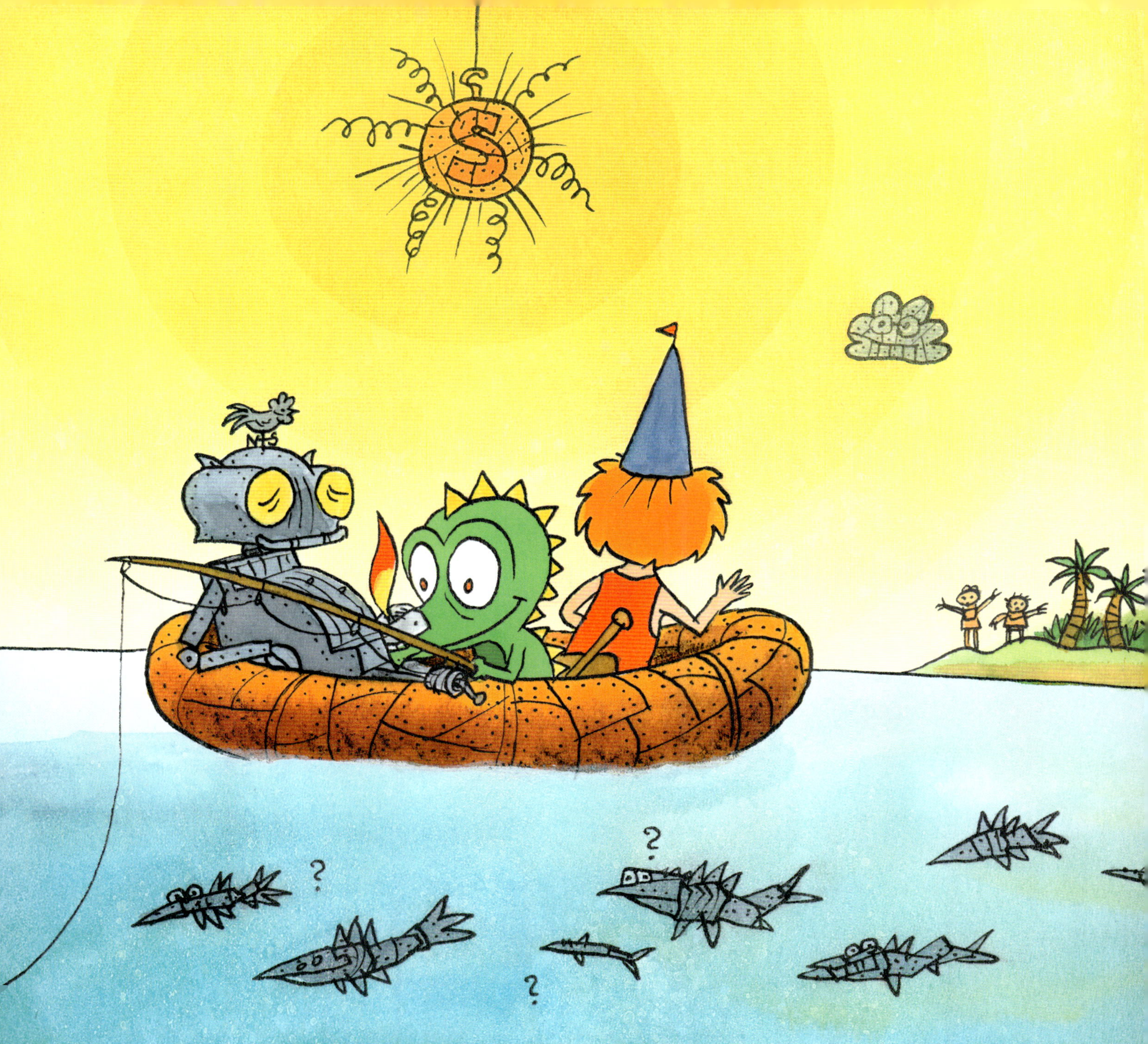

Nach einer Weile trieben sie an einer Insel vorbei, auf der Leute winkten. »Huhu!«, rief Bö und winkte zurück. Plötzlich aber stutzte sie. »Wisst ihr was? Die wollen uns gar nicht grüßen, die wollen uns warnen.«
»So ein Quatsch«, entgegnete der Ritter. »Wovor sollten die uns denn warnen?«
»Weiß ich doch nicht«, sagte Bö. »Vor einem Seeungeheuer vielleicht?«
»Seeungeheuer gibt es nicht«, behauptete der Ritter. »Wenn es nämlich welche gäbe, müsste ich als tapferer Rittersmann dagegen kämpfen. Was wiederum bedeuten würde, dass ich beruflich hier wäre. Bin ich aber nicht! Ich bin heute ganz und gar ferienhalber unterwegs, was die Sache zweifelsfrei beweist.«

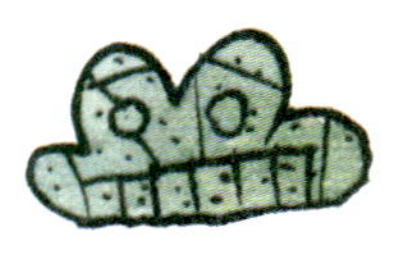

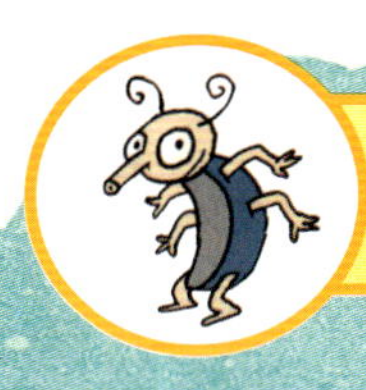

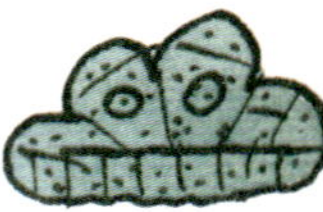

Falte doch mal ein **Papierboot**

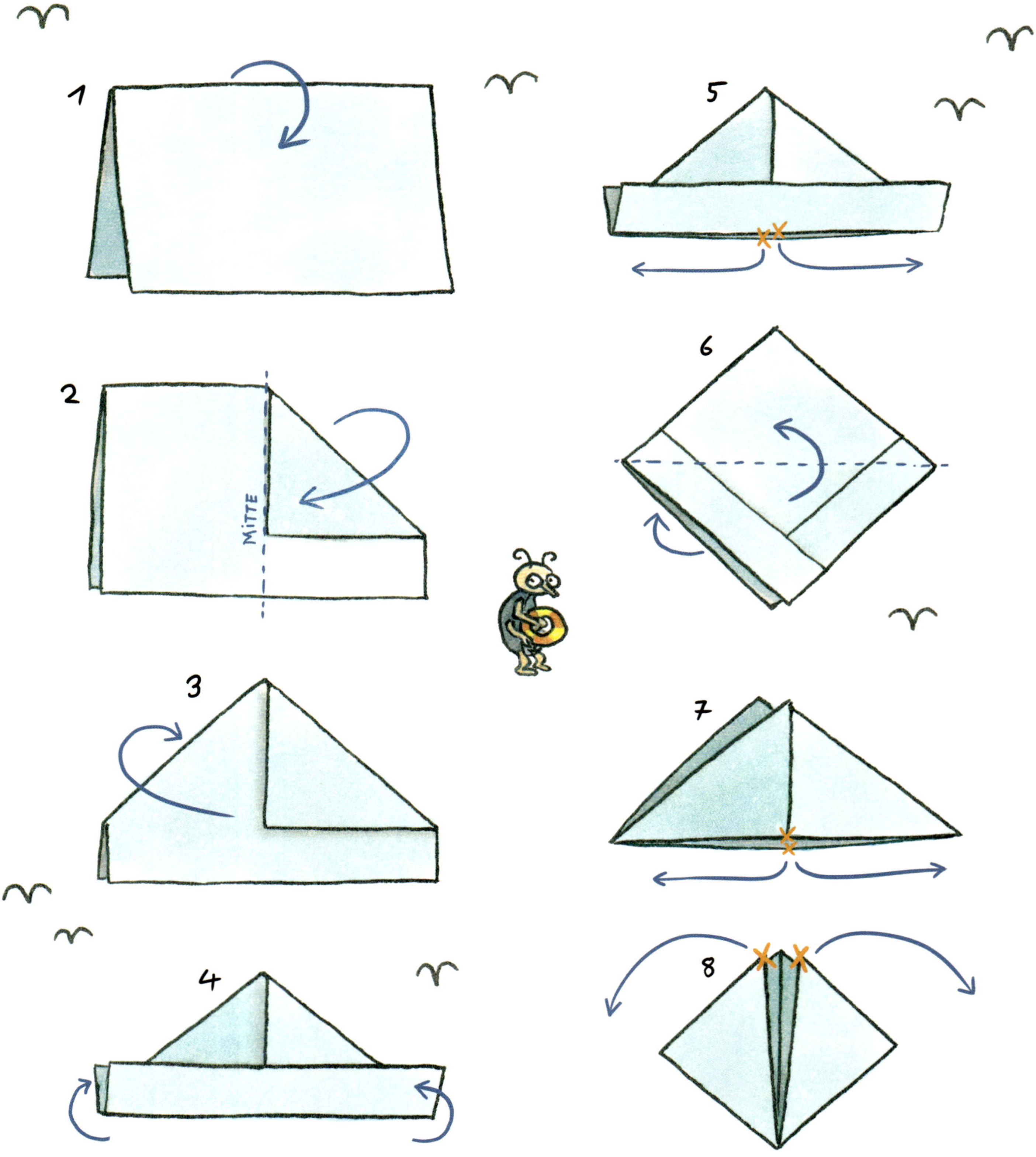

1

2

MITTE

3

4

5

6

7

8

Ferien! Ferien!

Text: Hilbert, Janosa / Musik: Janosa

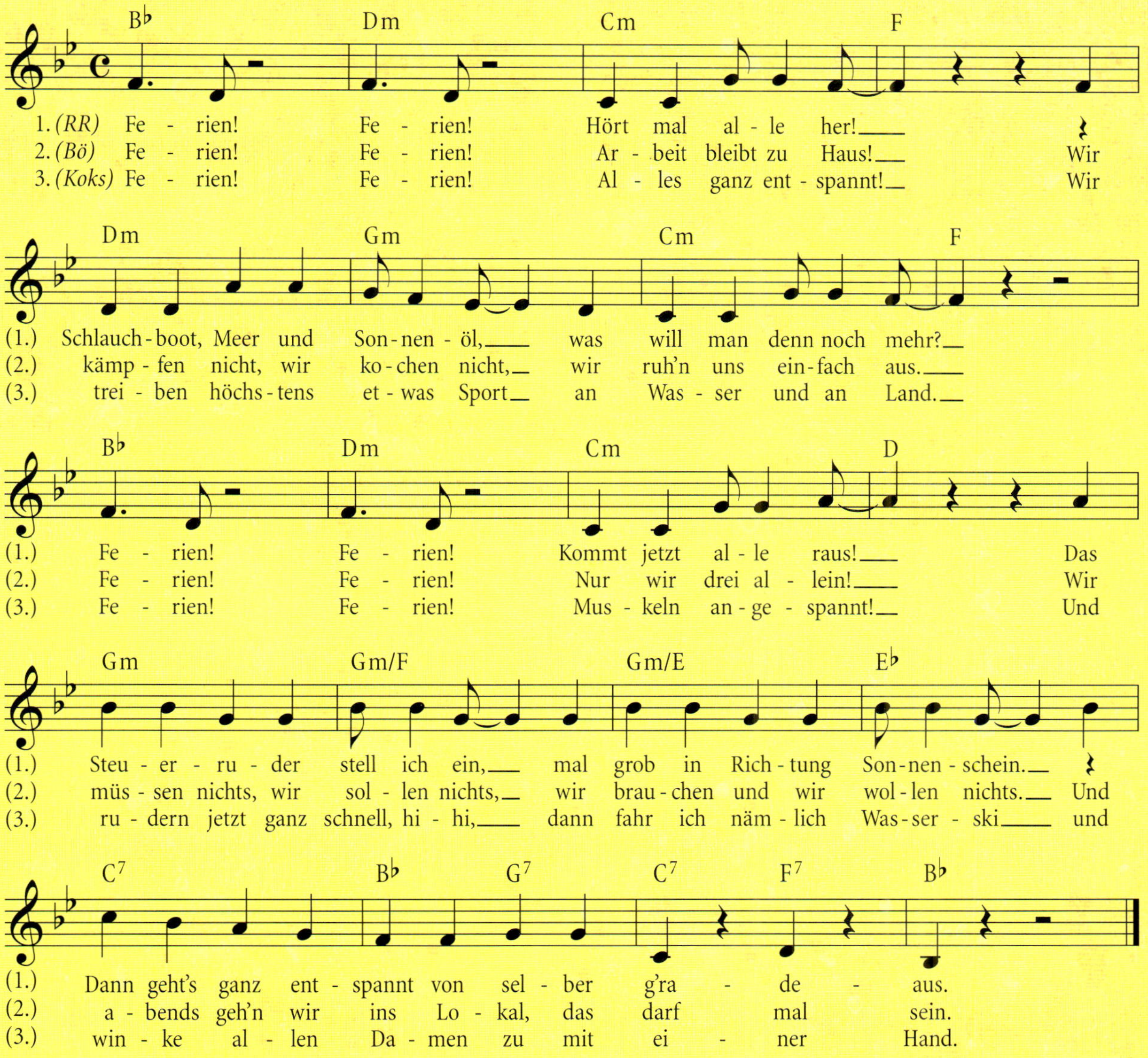

B♭ Dm Cm F

1. *(RR)* Fe - rien! Fe - rien! Hört mal al - le her! 𝄽
2. *(Bö)* Fe - rien! Fe - rien! Ar - beit bleibt zu Haus! Wir
3. *(Koks)* Fe - rien! Fe - rien! Al - les ganz ent - spannt! Wir

Dm Gm Cm F

(1.) Schlauch - boot, Meer und Son - nen - öl, was will man denn noch mehr?
(2.) kämp - fen nicht, wir ko - chen nicht, wir ruh'n uns ein - fach aus.
(3.) trei - ben höchs - tens et - was Sport an Was - ser und an Land.

B♭ Dm Cm D

(1.) Fe - rien! Fe - rien! Kommt jetzt al - le raus! Das
(2.) Fe - rien! Fe - rien! Nur wir drei al - lein! Wir
(3.) Fe - rien! Fe - rien! Mus - keln an - ge - spannt! Und

Gm Gm/F Gm/E E♭

(1.) Steu - er - ru - der stell ich ein, mal grob in Rich - tung Son - nen - schein. 𝄽
(2.) müs - sen nichts, wir sol - len nichts, wir brau - chen und wir wol - len nichts. Und
(3.) ru - dern jetzt ganz schnell, hi - hi, dann fahr ich näm - lich Was - ser - ski und

C^7 B♭ G^7 C^7 F^7 B♭

(1.) Dann geht's ganz ent - spannt von sel - ber g'ra - de - aus.
(2.) a - bends geh'n wir ins Lo - kal, das darf mal sein.
(3.) win - ke al - len Da - men zu mit ei - ner Hand.

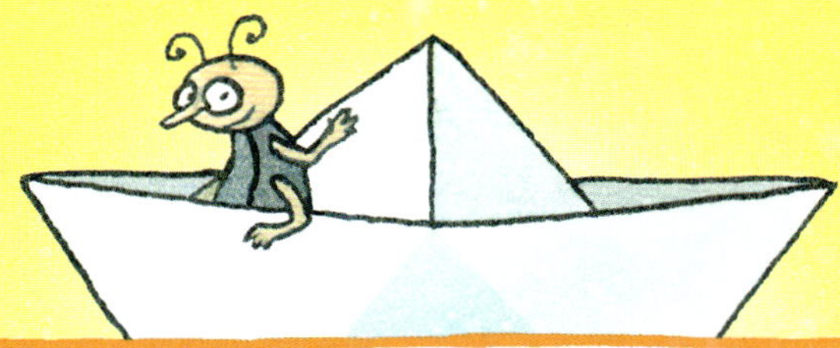

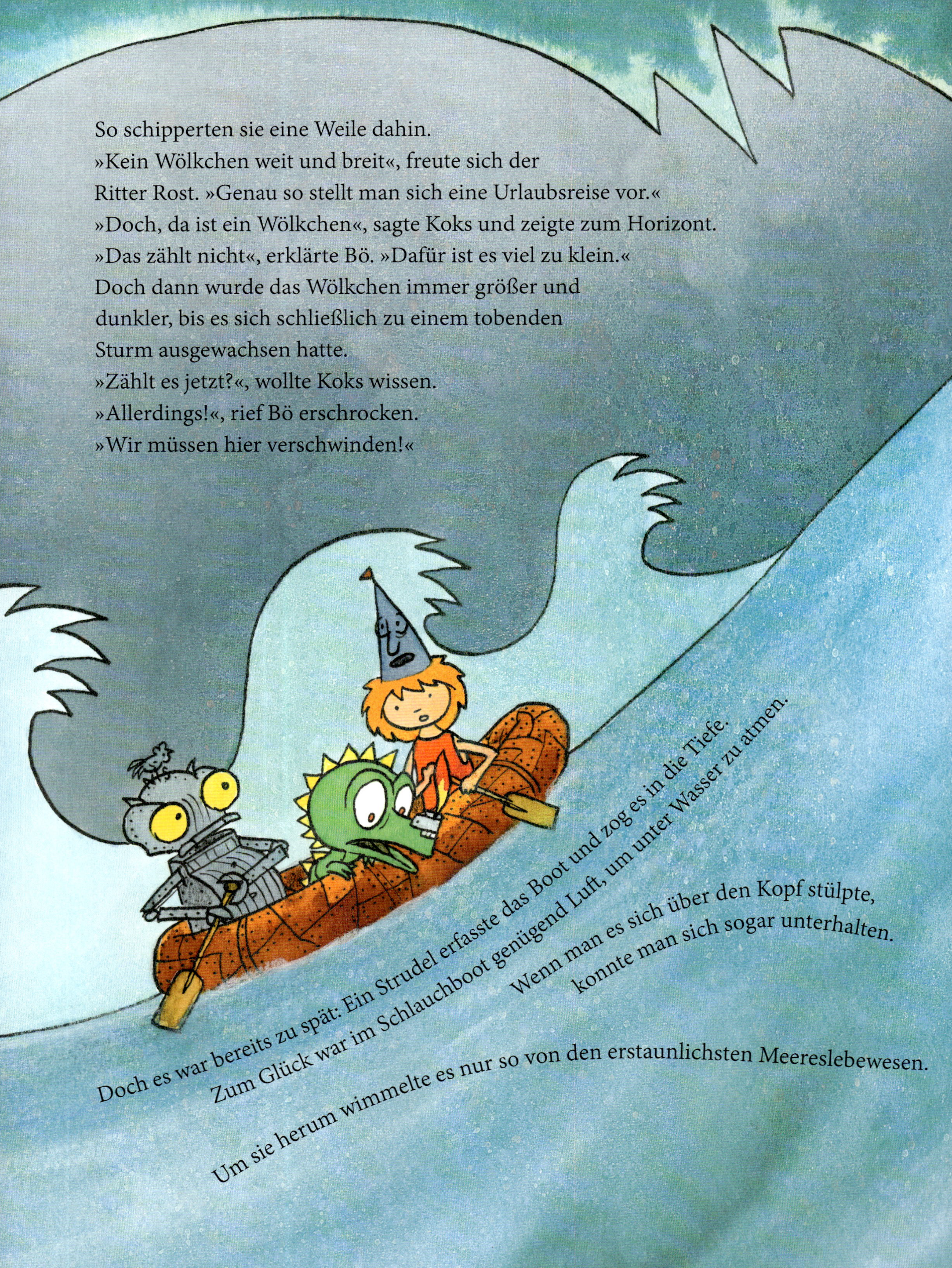

So schipperten sie eine Weile dahin.
»Kein Wölkchen weit und breit«, freute sich der Ritter Rost. »Genau so stellt man sich eine Urlaubsreise vor.«
»Doch, da ist ein Wölkchen«, sagte Koks und zeigte zum Horizont.
»Das zählt nicht«, erklärte Bö. »Dafür ist es viel zu klein.«
Doch dann wurde das Wölkchen immer größer und dunkler, bis es sich schließlich zu einem tobenden Sturm ausgewachsen hatte.
»Zählt es jetzt?«, wollte Koks wissen.
»Allerdings!«, rief Bö erschrocken.
»Wir müssen hier verschwinden!«

Doch es war bereits zu spät: Ein Strudel erfasste das Boot und zog es in die Tiefe.
Zum Glück war im Schlauchboot genügend Luft, um unter Wasser zu atmen.
Wenn man es sich über den Kopf stülpte,
konnte man sich sogar unterhalten.

Um sie herum wimmelte es nur so von den erstaunlichsten Meereslebewesen.

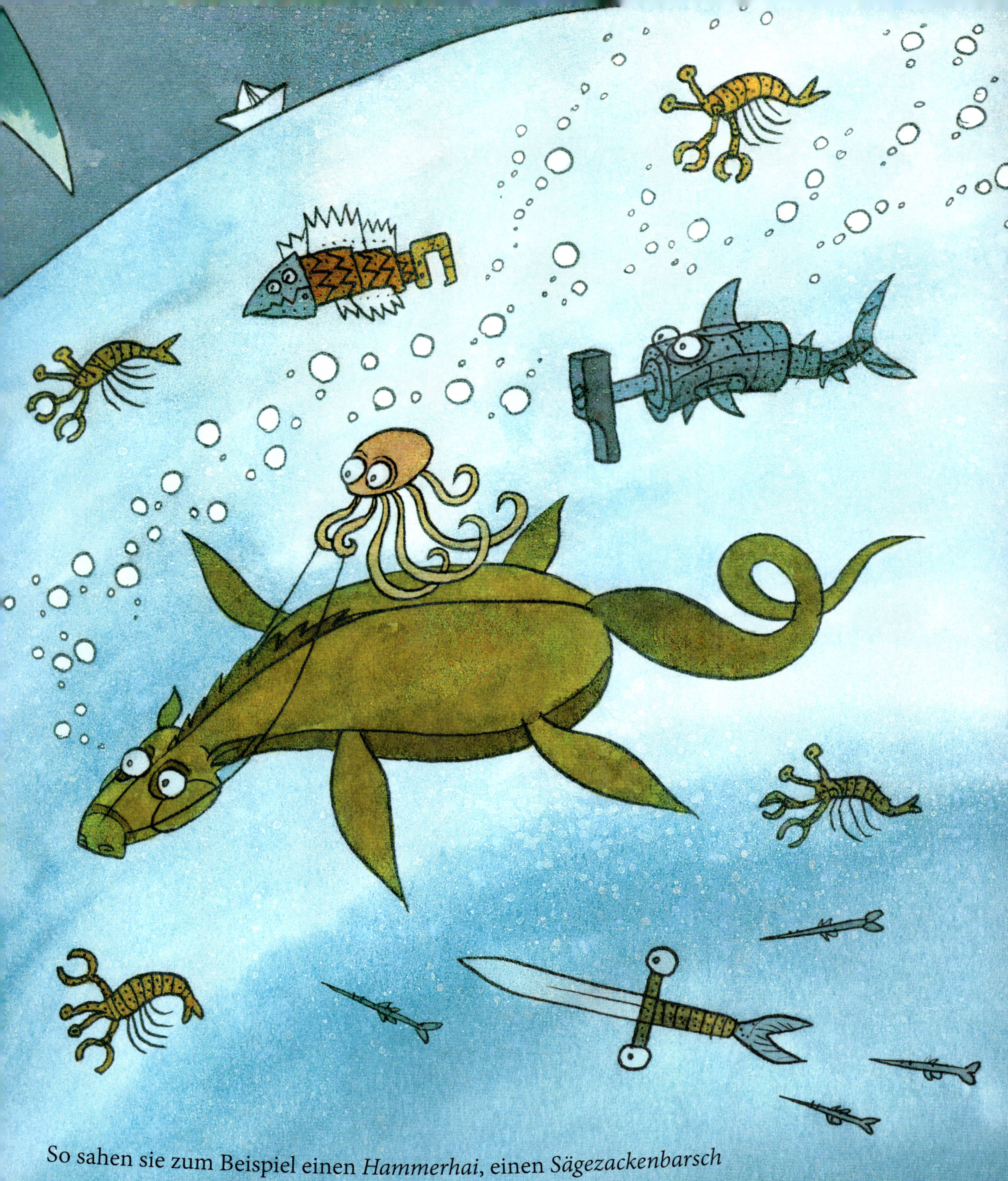

So sahen sie zum Beispiel einen *Hammerhai*, einen *Sägezackenbarsch* und ein paar *Rohrzangenkrebse*. Schließlich konnten sie sogar eins der wenigen noch lebenden *Tiefseepferde* beobachten.

Wasserbomben-Boule

Ein Spiel, das man am besten draußen spielt. Zuerst müssen **Wasserbomben** hergestellt werden, indem man bunte Luftballons schön prall mit Wasser füllt. Jeder Mitspieler bekommt gleich viele von einer Farbe.

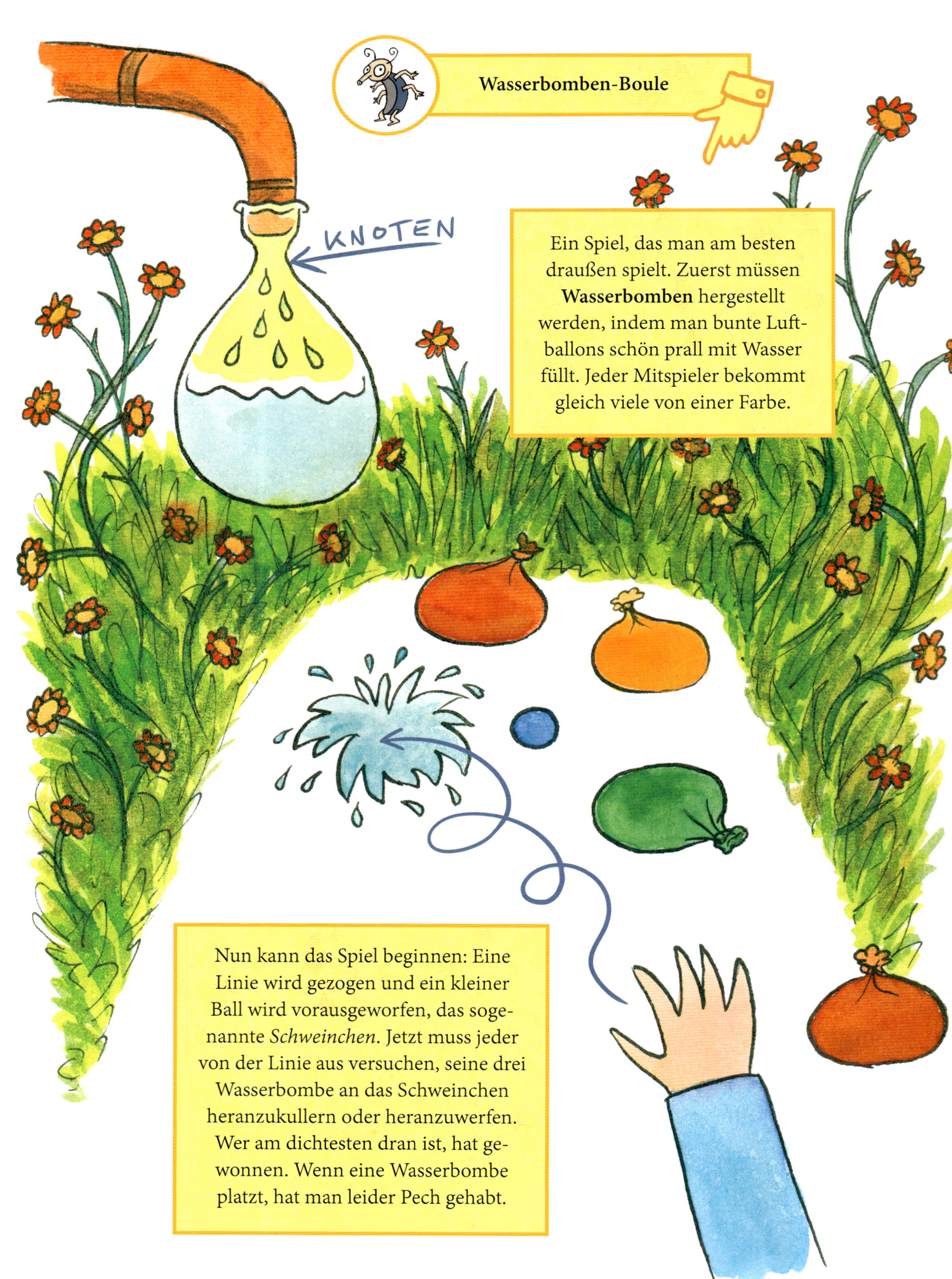

Nun kann das Spiel beginnen: Eine Linie wird gezogen und ein kleiner Ball wird vorausgeworfen, das sogenannte *Schweinchen*. Jetzt muss jeder von der Linie aus versuchen, seine drei Wasserbombe an das Schweinchen heranzukullern oder heranzuwerfen. Wer am dichtesten dran ist, hat gewonnen. Wenn eine Wasserbombe platzt, hat man leider Pech gehabt.

Das Tiefseepferd

Text: Hilbert / Musik: Janosa

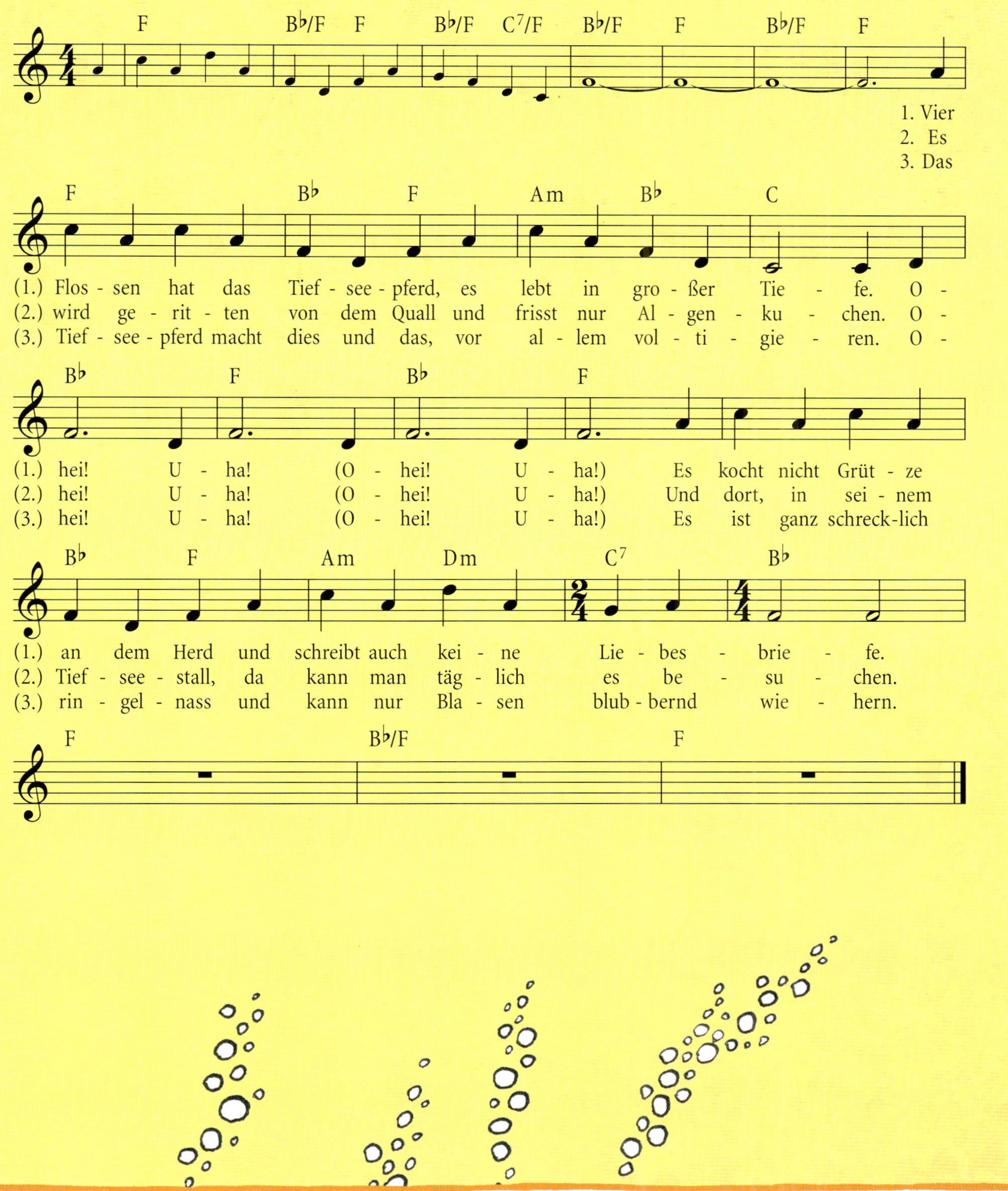

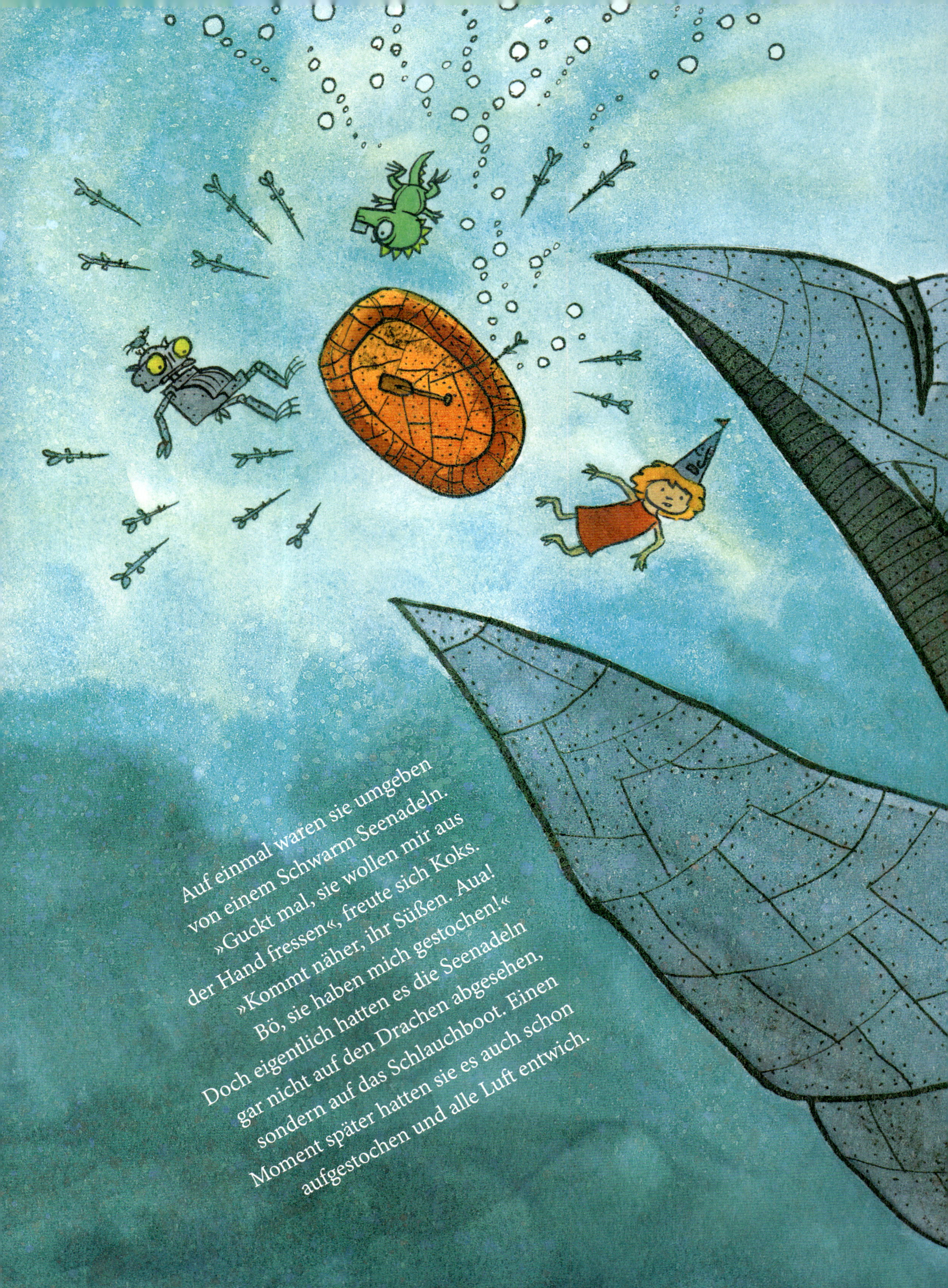

Auf einmal waren sie umgeben von einem Schwarm Seenadeln. »Guckt mal, sie wollen mir aus der Hand fressen«, freute sich Koks. »Kommt näher, ihr Süßen. Aua! Bö, sie haben mich gestochen!« Doch eigentlich hatten es die Seenadeln gar nicht auf den Drachen abgesehen, sondern auf das Schlauchboot. Einen Moment später hatten sie es auch schon aufgestochen und alle Luft entwich.

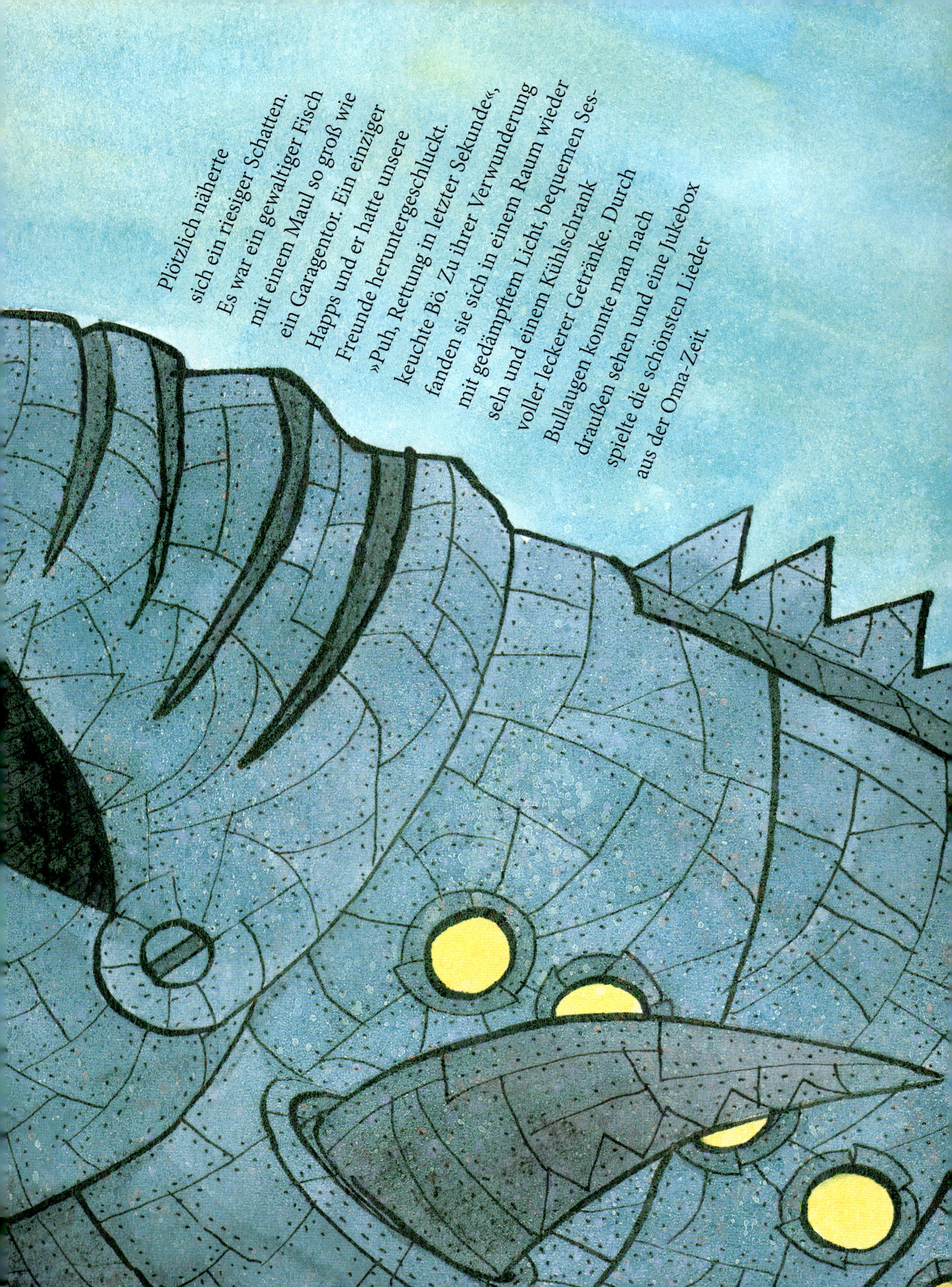

Plötzlich näherte sich ein riesiger Schatten. Es war ein gewaltiger Fisch mit einem Maul so groß wie ein Garagentor. Ein einziger Happs und er hatte unsere Freunde heruntergeschluckt. »Puh, Rettung in letzter Sekunde«, keuchte Bö. Zu ihrer Verwunderung fanden sie sich in einem Raum wieder mit gedämpftem Licht, bequemen Sesseln und einem Kühlschrank voller leckerer Getränke. Durch Bullaugen konnte man nach draußen sehen und eine Jukebox spielte die schönsten Lieder aus der Oma-Zeit.

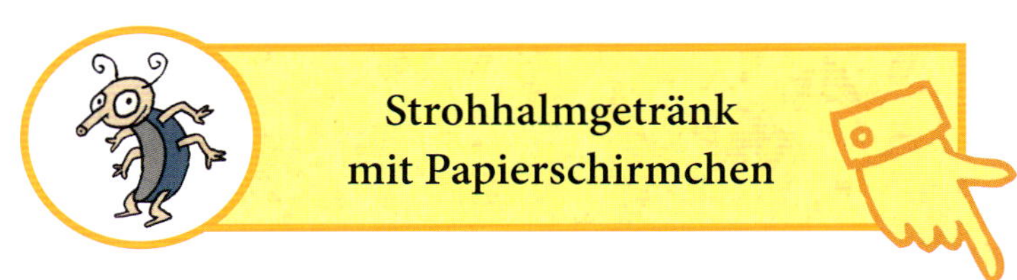

Strohhalmgetränk mit Papierschirmchen

Man benötigt dazu:
6 Esslöffel Kokosflocken
2 Esslöffel Kokosmilch
2 Esslöffel Milch
3 Teelöffel Zucker
1 Teelöffel Vanillezucker
1 Banane
Eine halbe Zitrone
200 Gramm Joghurt
4 Eiswürfel

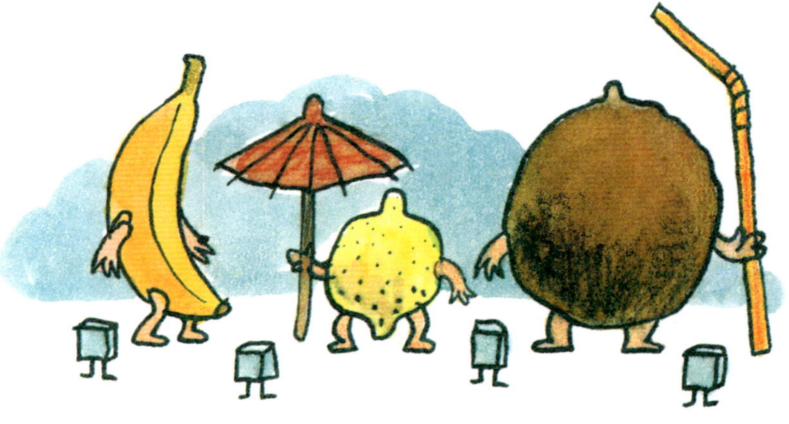

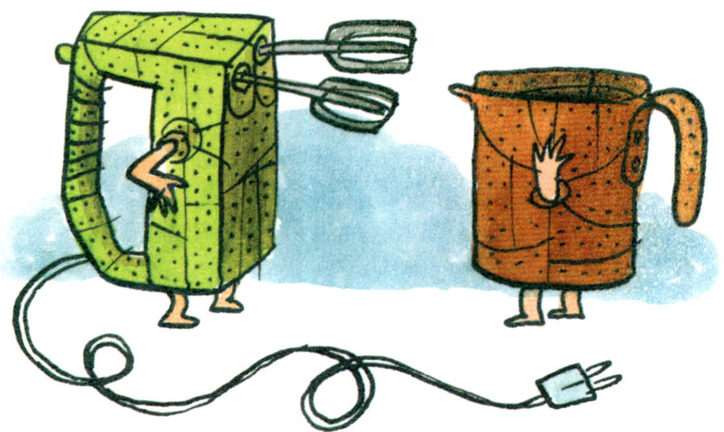

Die Banane wird zerquetscht und in den Mixbecher getan. Dazu kommen Kokosflocken, Kokosmilch, Milch, Vanillezucker, Zucker und Joghurt. Die halbe Zitrone auspressen und den Saft ebenfalls dazugießen. Schließlich wird alles gut durchgemixt.

Jetzt zwei Eiswürfel ins Glas legen und das Gemisch aus dem Mixer darübergießen. Am Ende wird das Ganze mit Strohhalm und Papierschirmchen hübsch dekoriert.

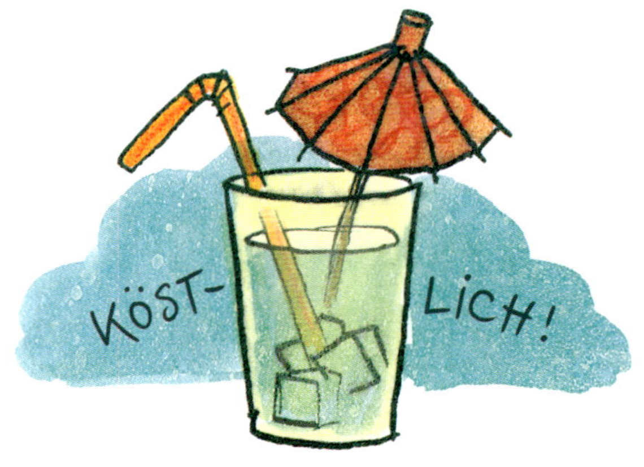

Una piccola canzone

Text: Hilbert, Janosa / Musik: Janosa

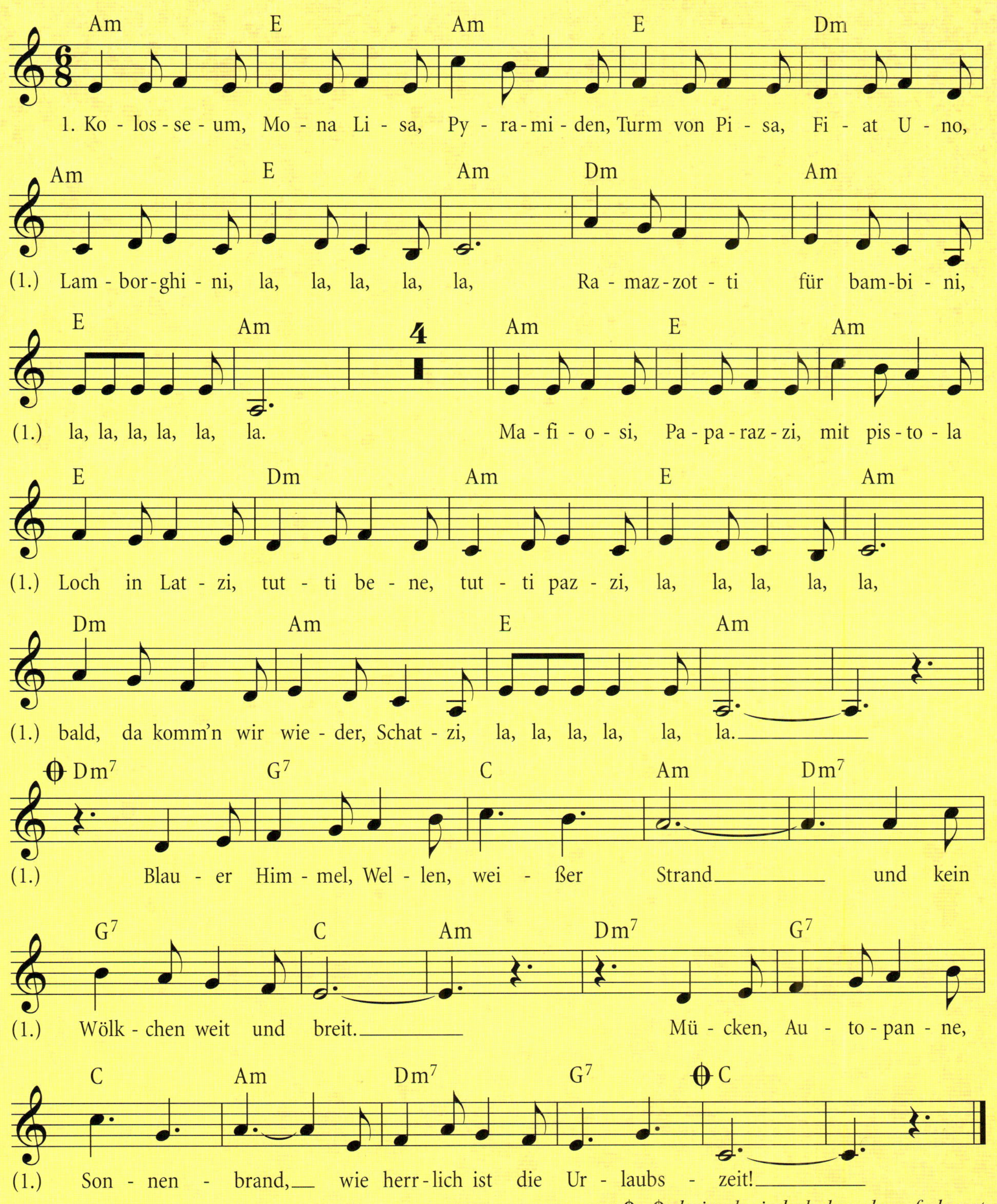

»Echt supertoll galaktischgut hier«, fand Koks. »Da ist ein Schälchen mit Gummibärchen, eins mit kandierten Büroklammern und sogar eine Eiswürfelmaschine.«

»Aber wo sind wir hier gelandet?«, wunderte sich der Ritter Rost. »Ist das etwa doch eins dieser Seeungeheuer, die es zum Glück kein bisschen gibt?«

»Sieht eher aus wie ein Walfisch«, fand Bö.

»Es ist kein Wal*fisch*, sondern eine Wal*heimat*«, verbesserte Koks. »Dort hängt ein Schild, darauf kann man's lesen.«

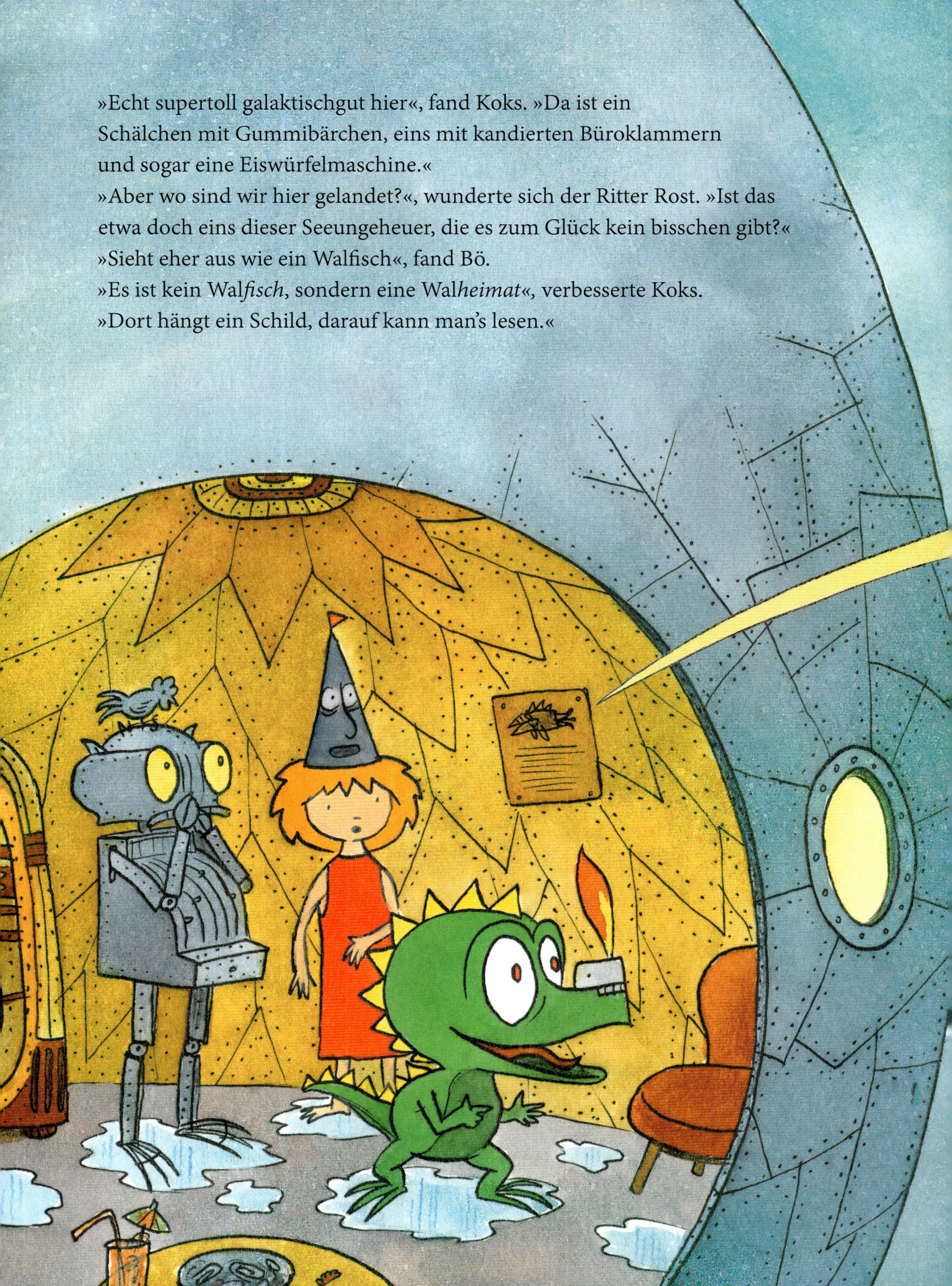

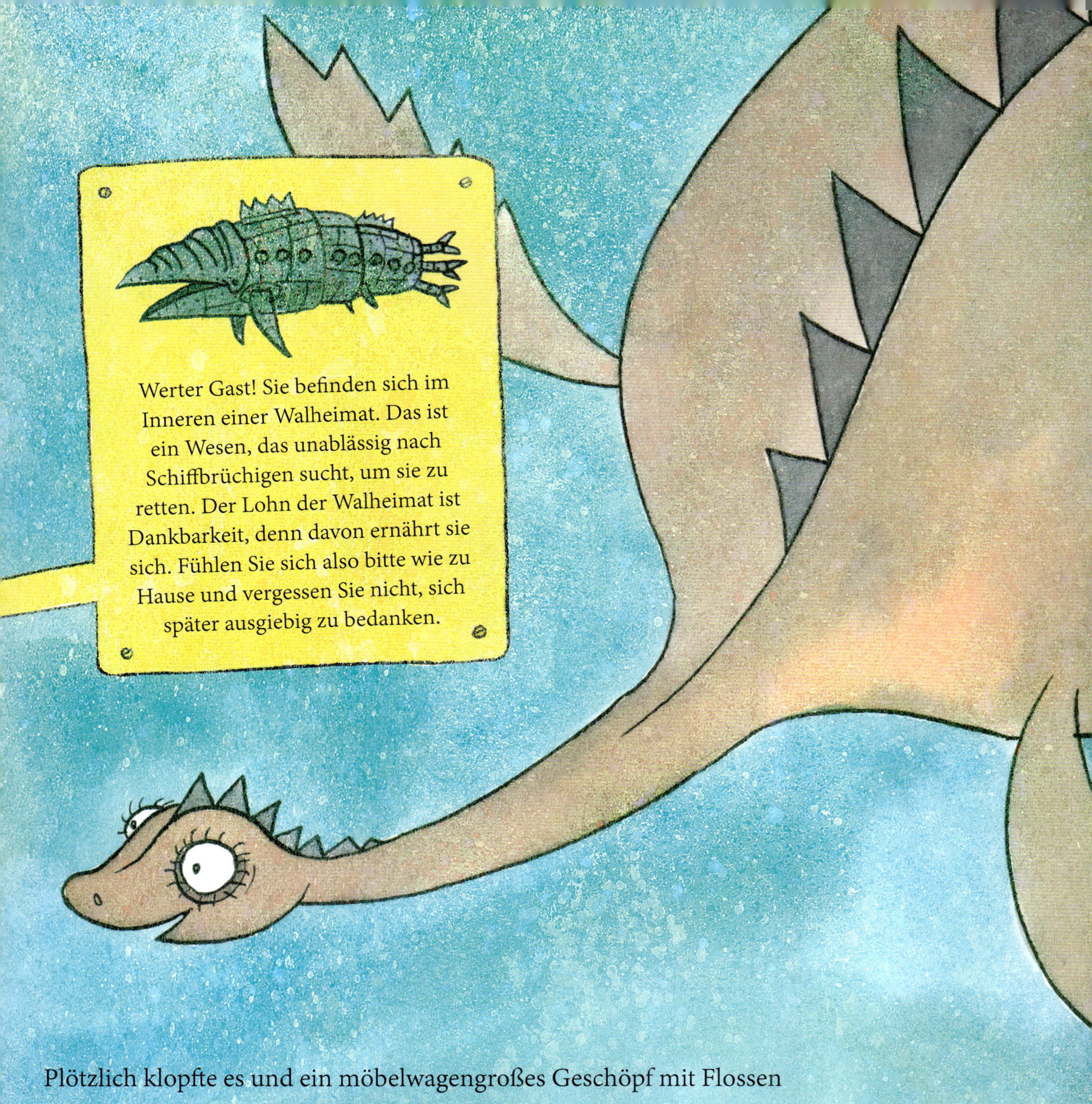

Plötzlich klopfte es und ein möbelwagengroßes Geschöpf mit Flossen und überlangem Hals lugte durch die Bullaugen.
»Potz Wellenhilf und Stachelschreck!«, rief der Ritter Rost. »Ein Seeungeheuer!«
»Quatsch«, erwiderte Koks. »Das ist nur Nessi, mein herzallerliebstes Cousinchen!«
Die beiden hatten sich mehrere Millionen Jahre nicht gesehen, dementsprechend groß war ihre Wiedersehensfreude. Natürlich hatten sie sich viel zu erzählen. Schließlich fragte Nessie: »Was macht ihr eigentlich hier unten? Kann ich euch helfen?«
»Oh ja, das kannst du«, sagte Bö, »nämlich indem du diese Walfischheimat dazu bringst, aufzutauchen und uns rauszulassen.«

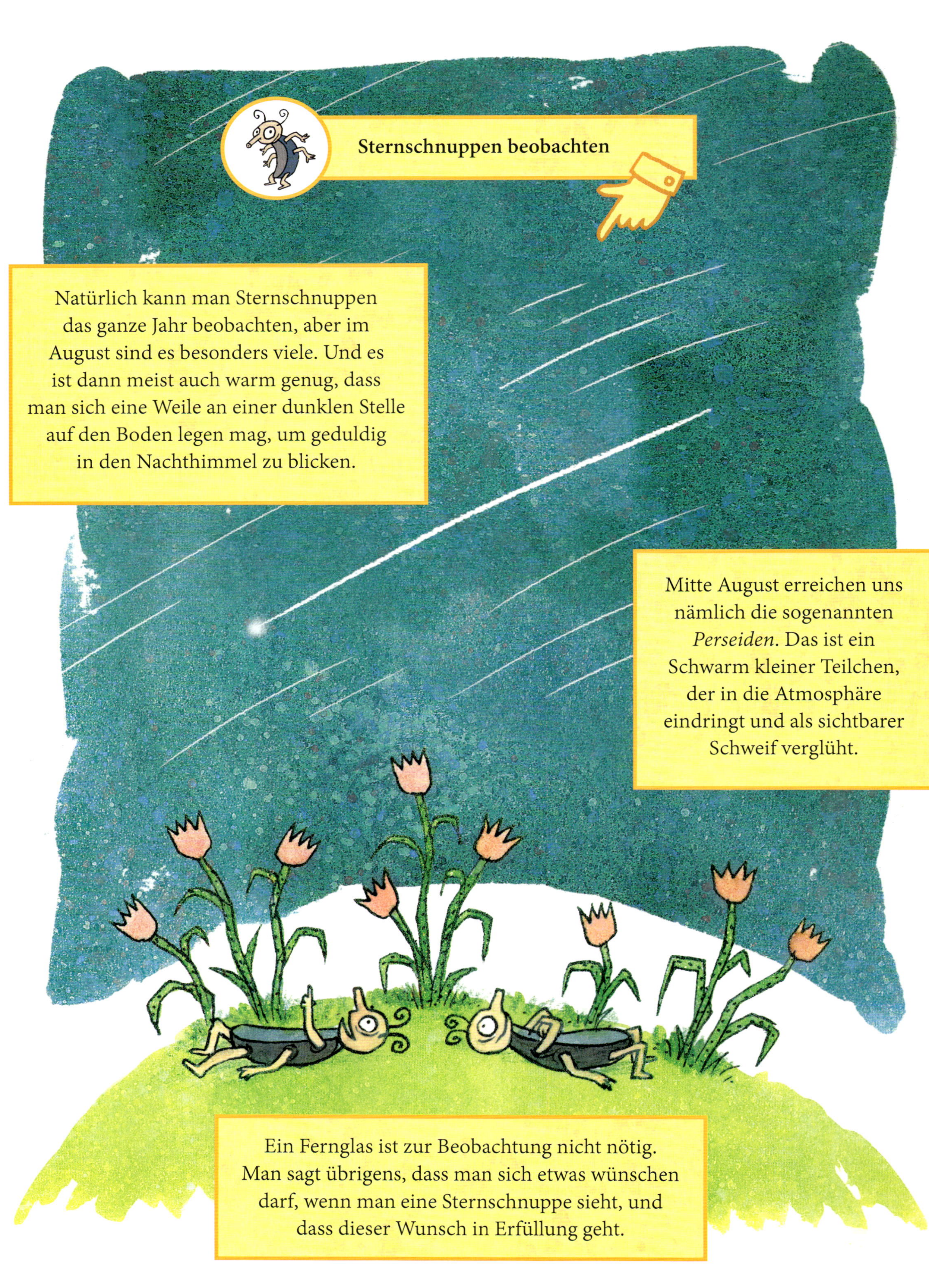

Sternschnuppen beobachten

Natürlich kann man Sternschnuppen das ganze Jahr beobachten, aber im August sind es besonders viele. Und es ist dann meist auch warm genug, dass man sich eine Weile an einer dunklen Stelle auf den Boden legen mag, um geduldig in den Nachthimmel zu blicken.

Mitte August erreichen uns nämlich die sogenannten *Perseiden*. Das ist ein Schwarm kleiner Teilchen, der in die Atmosphäre eindringt und als sichtbarer Schweif verglüht.

Ein Fernglas ist zur Beobachtung nicht nötig. Man sagt übrigens, dass man sich etwas wünschen darf, wenn man eine Sternschnuppe sieht, und dass dieser Wunsch in Erfüllung geht.

Nessie

Text: Hilbert / Musik: Janosa

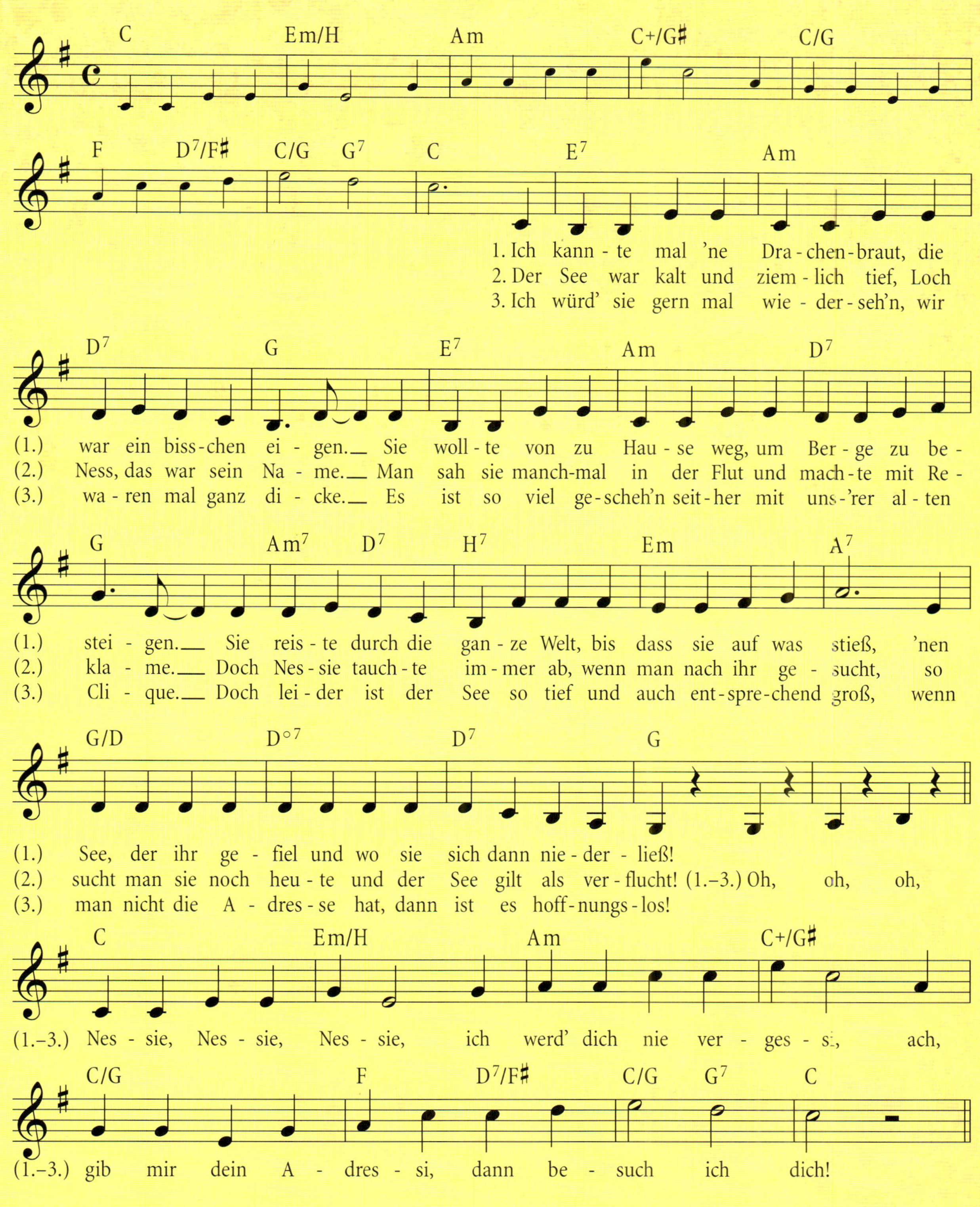

Nun packte Nessie die Walheimat und zog sie nach oben Richtung Meeresoberfläche. Schließlich tauchte die Walheimat aus den Fluten und tat ihr Maul auf.

»Großes Schiff direkt voraus!«, rief der Ritter Rost. »Los, springt alle in das Beiboot.«

»Vielen Dank für die Rettung«, sagte das Burgfräulein Bö zu der Walheimat.

Da schmatzte die Wahlheimat begeistert, denn sie ernährte sich ja von Dankbarkeit und war auch schon ganz ausgehungert. Als sie satt war, rülpste sie und tauchte wieder ab, um weitere Schiffbrüchige zu retten.

Das große Schiff aber gehörte niemand Geringerem als König Bleifuß.

»Dann sind wir ja endlich komplett«, begrüßte er sie. »Ich veranstalte hier nämlich eine kleine Überraschungskreuzfahrt für meine Ritter.«

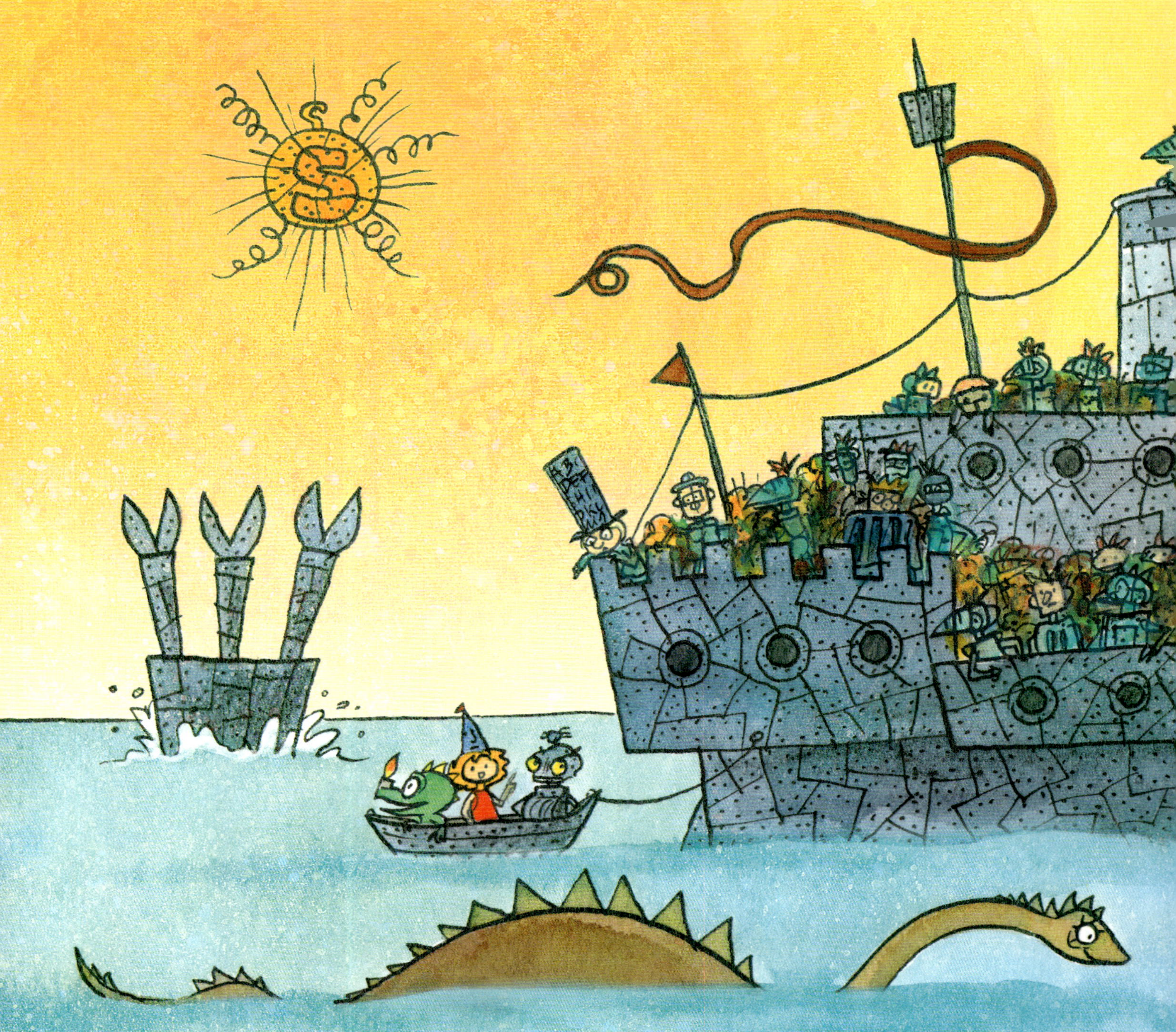

»Ach so?«, fragte der Ritter Rost verdutzt. »Keine zusätzlichen Ritteraufgaben?«
»Ganz im Gegenteil«, lachte der König. »Ich wollte Sie einladen. Wir spielen gerade mein Lieblingsspiel. Es heißt: *Ich packe meinen Koffer* ein. Wollen Sie nicht mitspielen?«
»Sehr gerne sogar«, sagte der Ritter Rost.
»Und wir beide schreiben solange Ansichtskarten«, entschied Bö. »Nicht wahr, Koks?«
»Och nö«, maulte der Drache. »Machen wir es lieber so: Du schreibst eine Karte und ich mache *tausend* Fotokopien davon. Dann bleibt uns mehr Zeit zum Amüsieren.«

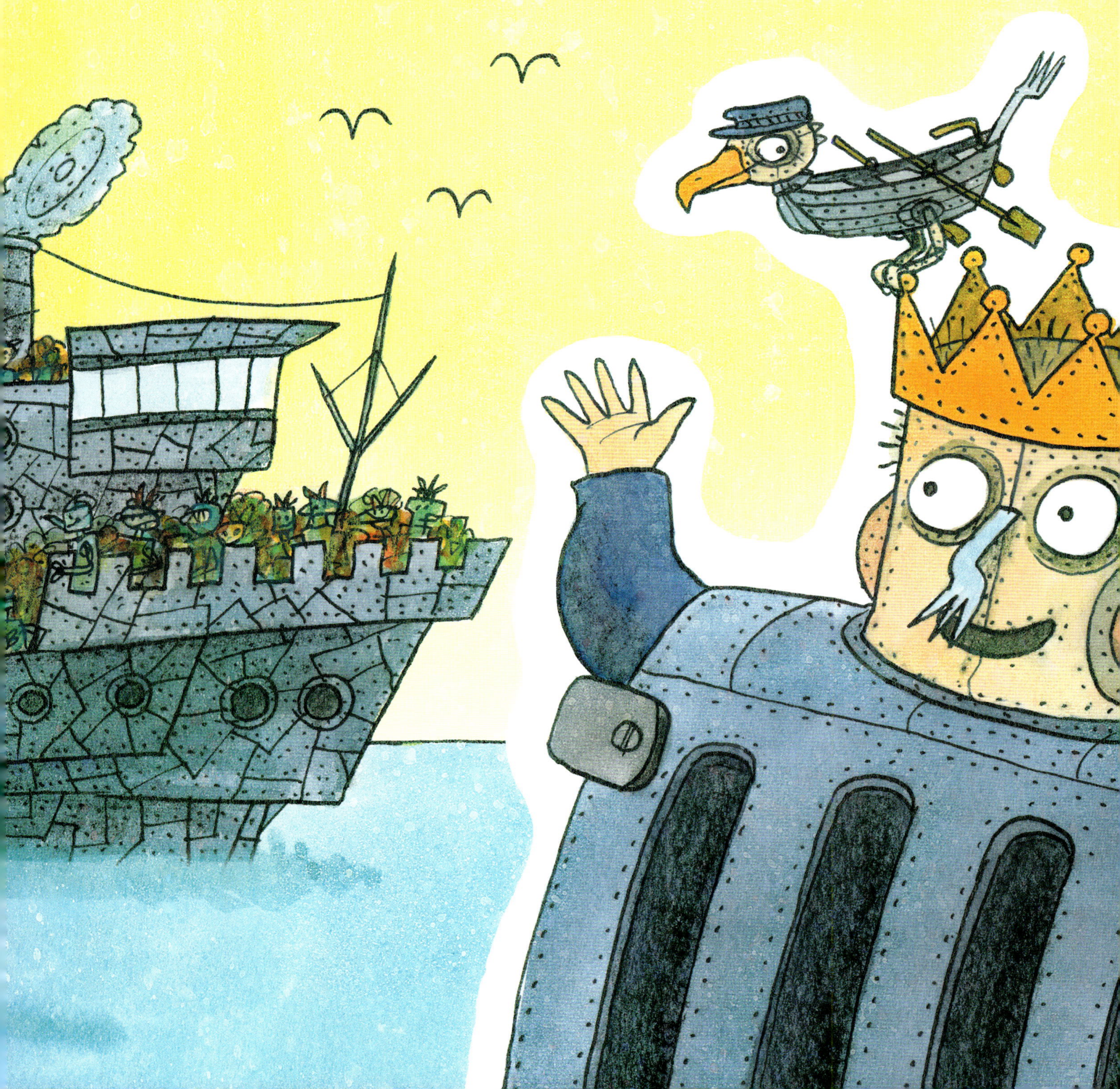

Das Lieblingsspiel von König Bleifuß:

Ich packe meinen Koffer ein

Auch dieses Spiel kann man vorzüglich auf langen Urlaubsreisen spielen. Die Teilnehmerzahl ist beliebig.

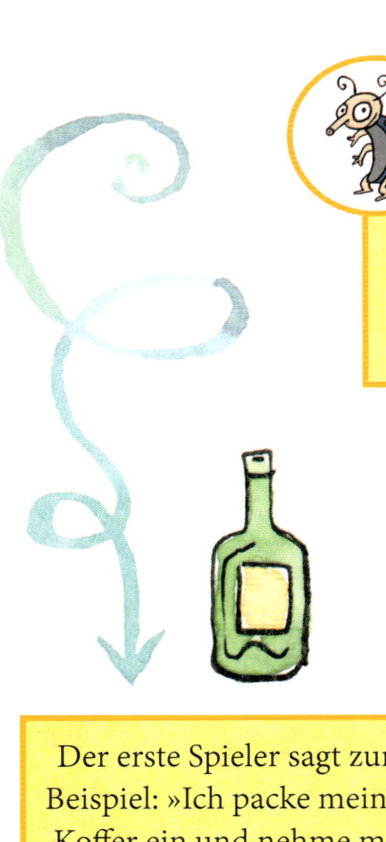

Der erste Spieler sagt zum Beispiel: »Ich packe meinen Koffer ein und nehme mit: *eine Flasche.*«

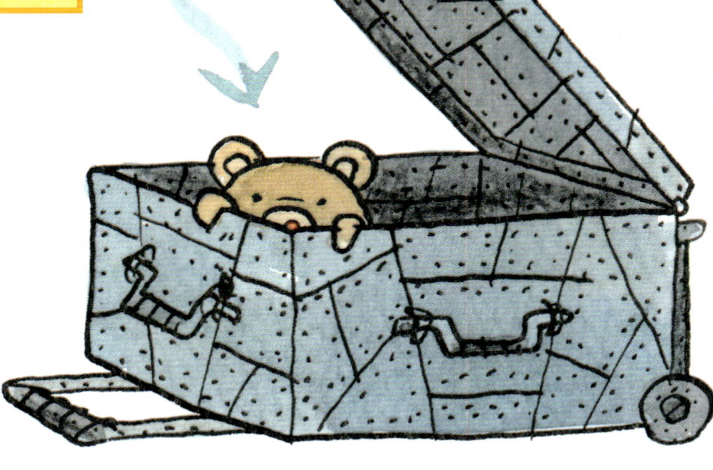

Wer eine Sache vergisst, scheidet aus. Sieger ist, wer sich die meisten Begriffe in der richtigen Reihenfolge merken kann.

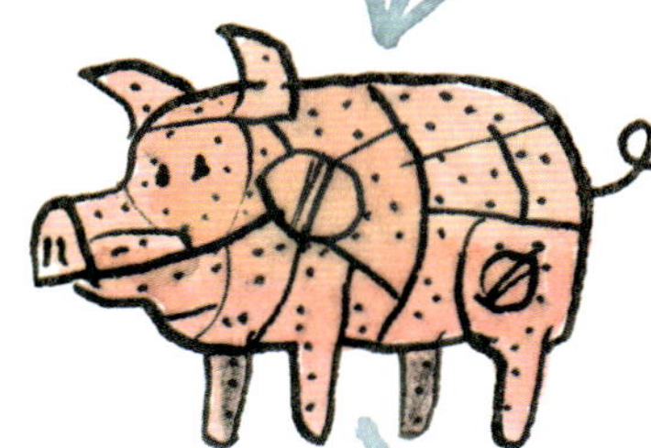

Der Nächste sagt: »Ich packe meinen Koffer ein und nehme mit: eine *Flasche* und ein *Schwein.*«

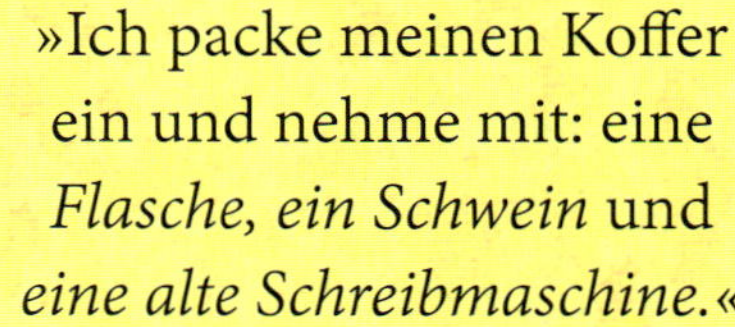

»Ich packe meinen Koffer ein und nehme mit: eine *Flasche, ein Schwein* und *eine alte Schreibmaschine.*«

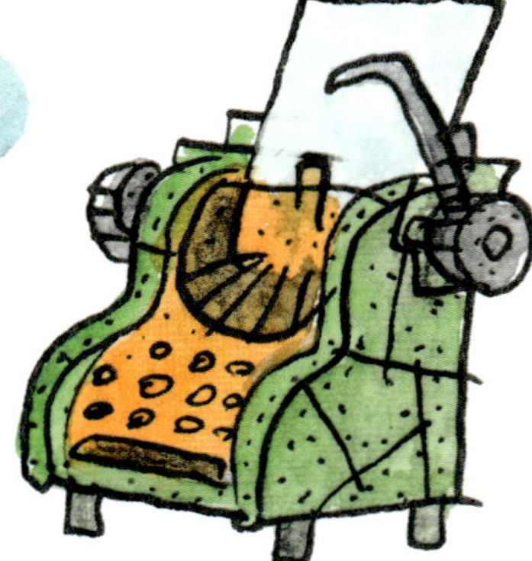

Ich packe meinen Koffer ein

Text: Hilbert / Musik: Janosa

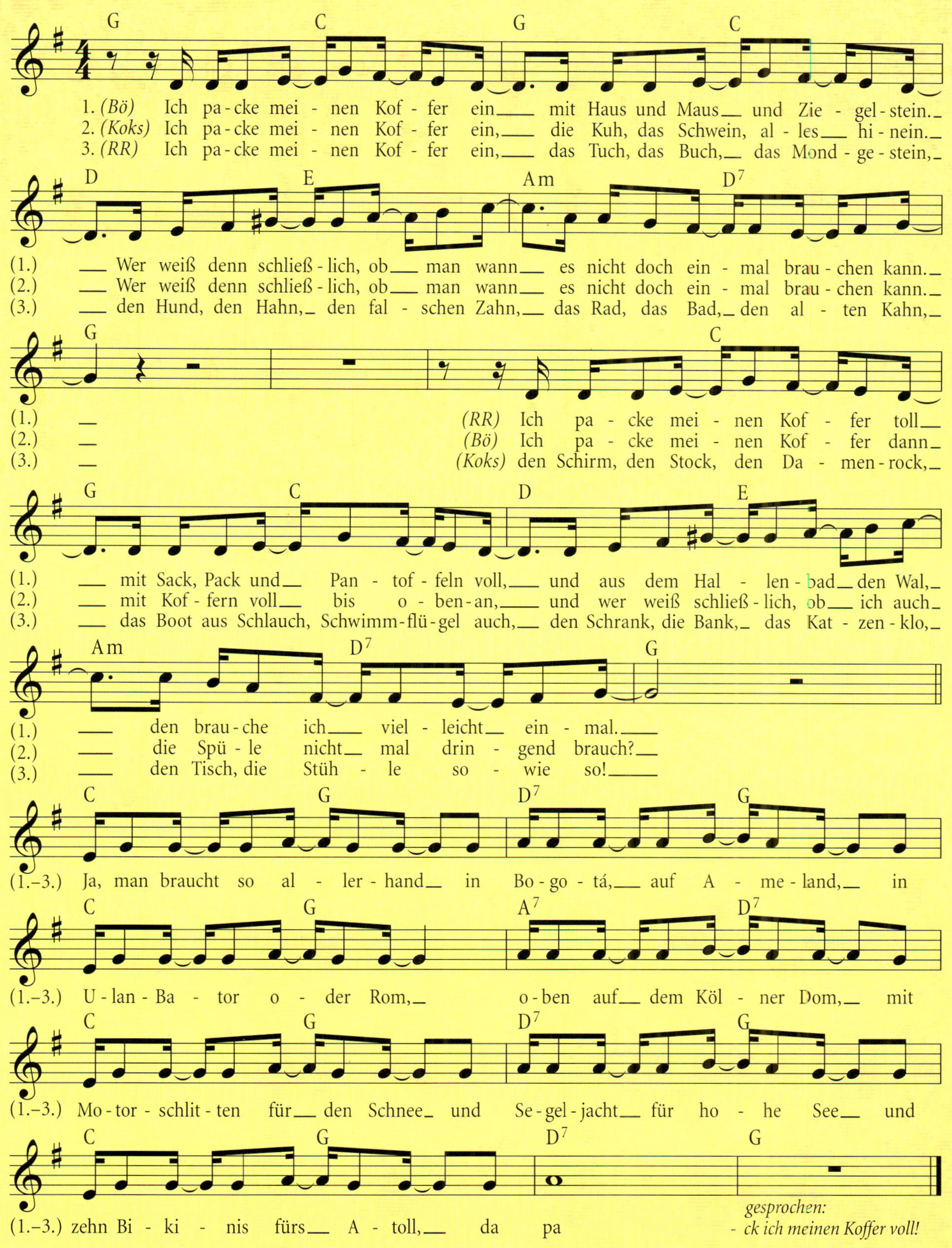

ERZÄHLER: Fritz Stavenhagen
BÖ: Patricia Prawit
KOKS: Felix Janosa
RITTER ROST: Björn Dömkes
MIES: Jörg Hilbert
VAMPIR, BAUCHREDNER: Dieter Brink
EICHHÖRNCHEN: Constanze Backes
KINDERCHOR: Friederike Stirken, Luna Lange, Alma Froemer, Anika Maaß
LEITUNG KINDERCHOR: Angela Froemer
PIANO, KEYBOARDS: Felix Janosa
GITARRE: Rolf Marx
FLÖTE: Jörg Kaufmann
BASS: Antoine Pütz, Alex Morsey
DRUMS: Steffen Thormählen, Kurt Billker
GLOCKEN: Dömkes, Janosa
ARRANGEMENTS UND PRODUKTION: Felix Janosa
AUFNAHME, MIX UND MASTERING 2013: Alex Jacobi, Aachen,
TONASSISTENZ: Jan Felix Klein, Thomas Schug

HÖRSPIEL 3: HERBST

RITTER ROST IM FABELWESENWALD

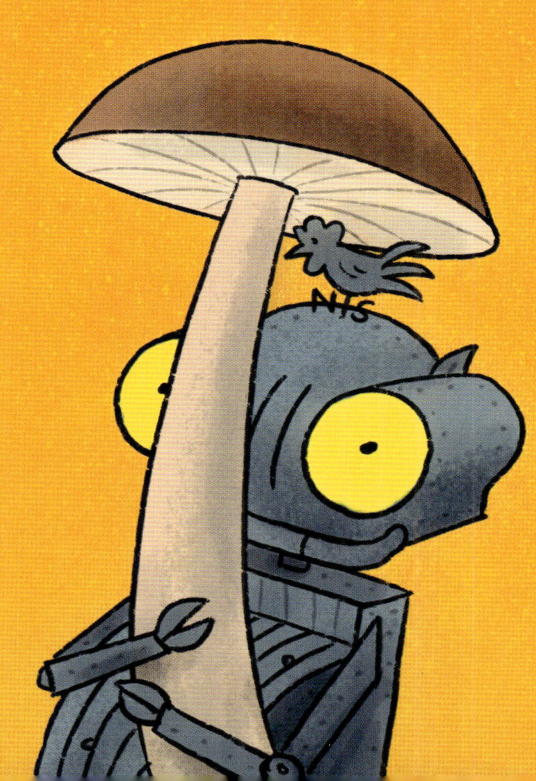

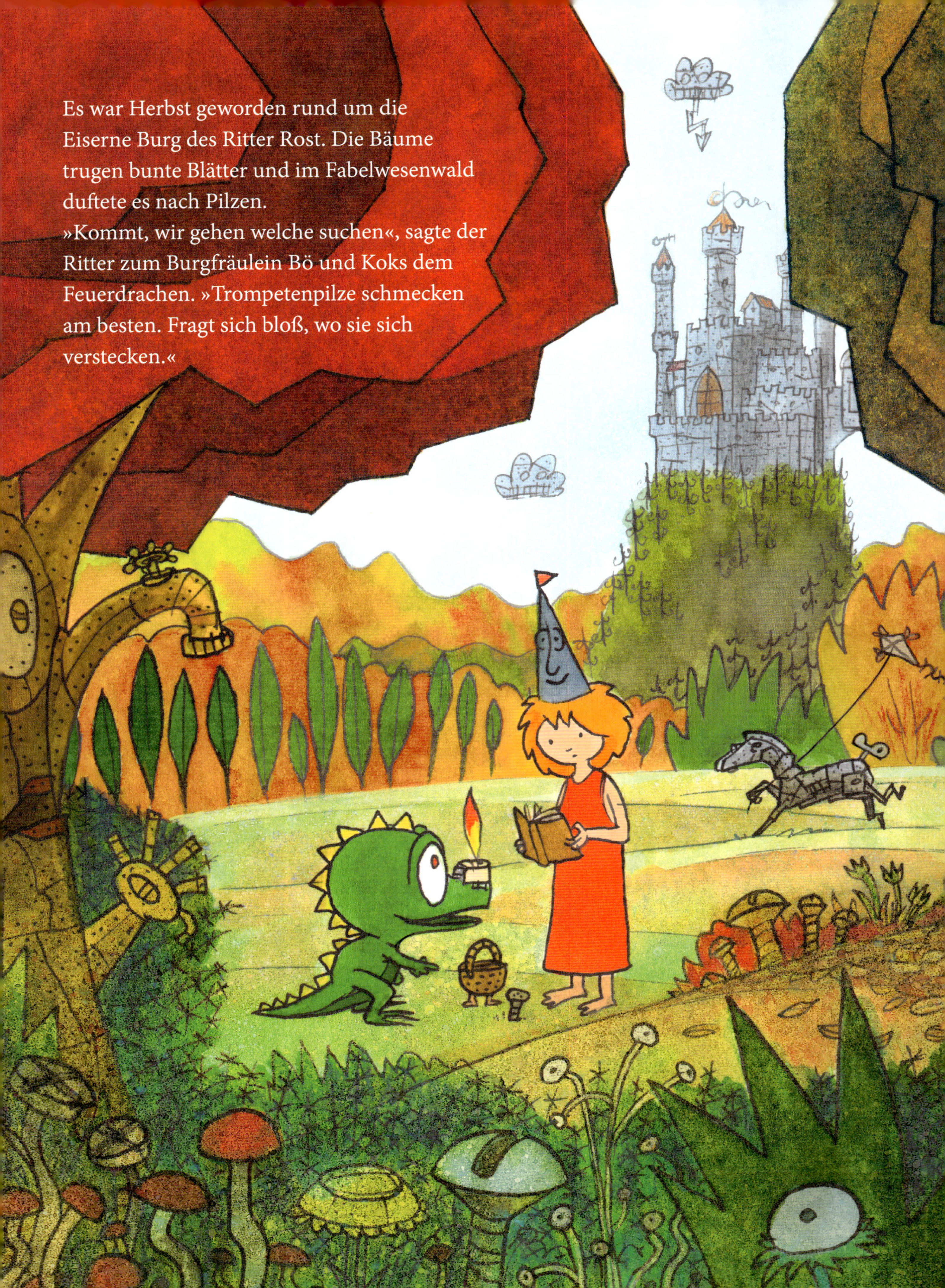

Es war Herbst geworden rund um die Eiserne Burg des Ritter Rost. Die Bäume trugen bunte Blätter und im Fabelwesenwald duftete es nach Pilzen.

»Kommt, wir gehen welche suchen«, sagte der Ritter zum Burgfräulein Bö und Koks dem Feuerdrachen. »Trompetenpilze schmecken am besten. Fragt sich bloß, wo sie sich verstecken.«

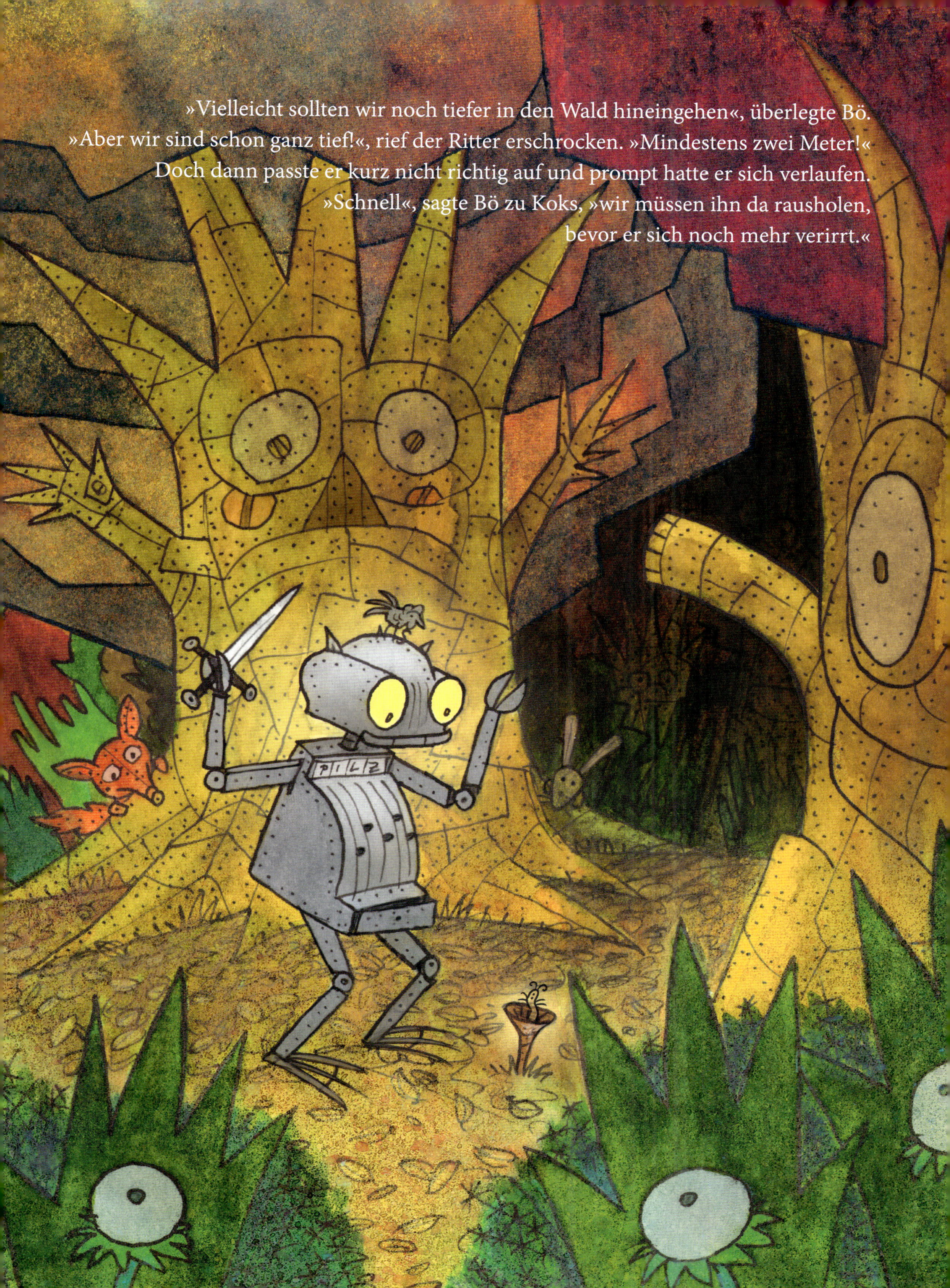

»Vielleicht sollten wir noch tiefer in den Wald hineingehen«, überlegte Bö.
»Aber wir sind schon ganz tief!«, rief der Ritter erschrocken. »Mindestens zwei Meter!«
Doch dann passte er kurz nicht richtig auf und prompt hatte er sich verlaufen.
»Schnell«, sagte Bö zu Koks, »wir müssen ihn da rausholen,
bevor er sich noch mehr verirrt.«

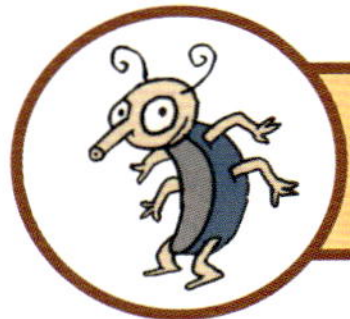

Mache dir ein Herbstomelett

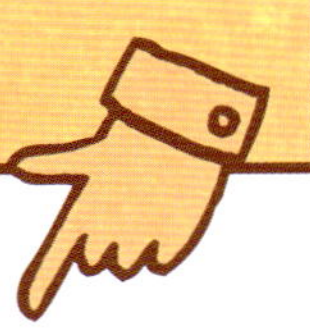

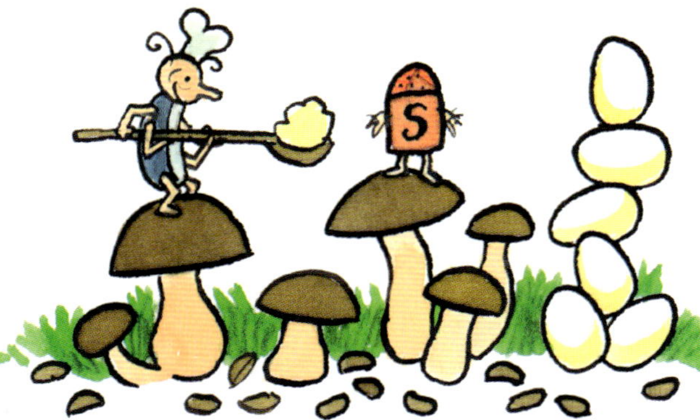

Du brauchst dafür:

- ein paar essbare Pilze (auch aus der Dose)
- 20 Bucheckern (müssen nicht unbedingt sein)
- 6 Eier
- 2 Esslöffel Butter
- 3 Prisen Salz, Pfeffer nach Geschmack

Wenn du dir nicht sicher bist, lass dir helfen!

Die Pilze waschen und in Scheiben schneiden. Die Bucheckern schälen und zu Krümeln zerdrücken. Einen Löffel Butter in die heiße Pfanne geben, die Pilze etwa drei Minuten anbraten und wieder herausnehmen.

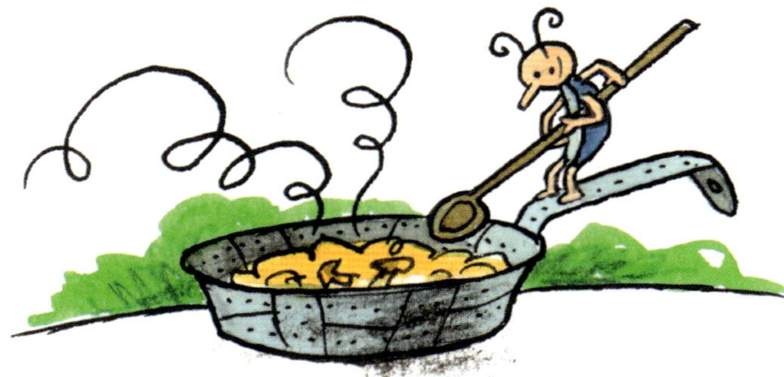

Jetzt die Eier in ein Gefäß schlagen, Salz und Bucheckernkrümel dazutun. Dann alles zu einer Glibberpampe verrühren.

Wieder kommt ein Löffel Butter in die Pfanne und die Glibberpampe hinterher. Masse verteilen wie bei einem Pfannkuchen. Wenn sie fest geworden ist, kommen die Pilze obendrauf und das Ganze wird zusammengefaltet. Fertig.

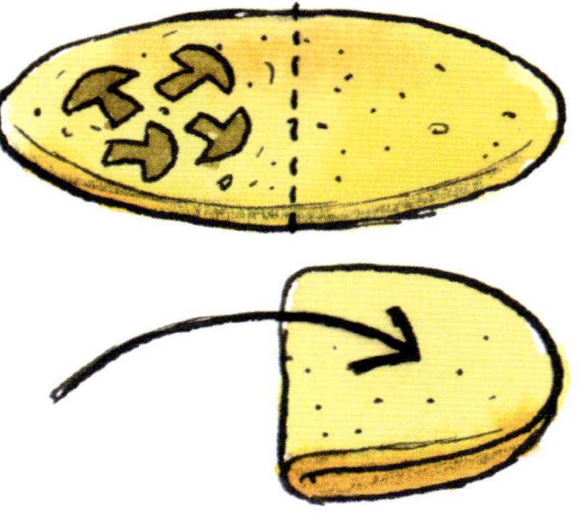

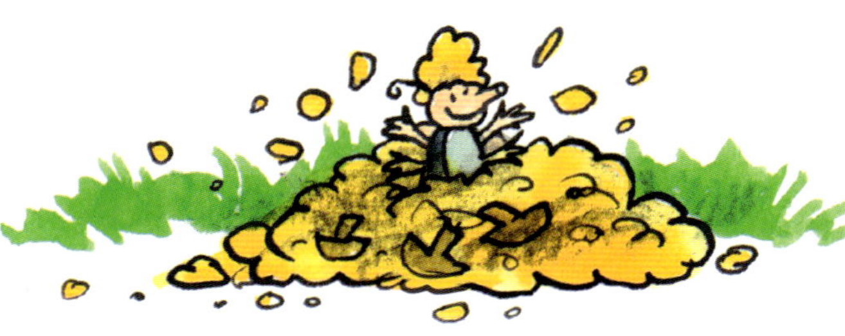

Tipp für den Notfall: Geht das Omelett schief, mach es einfach durcheinander und behaupte, es sei Rührei.

Pilze, Pilze, Pilze

Text: Hilbert / Musik: Janosa

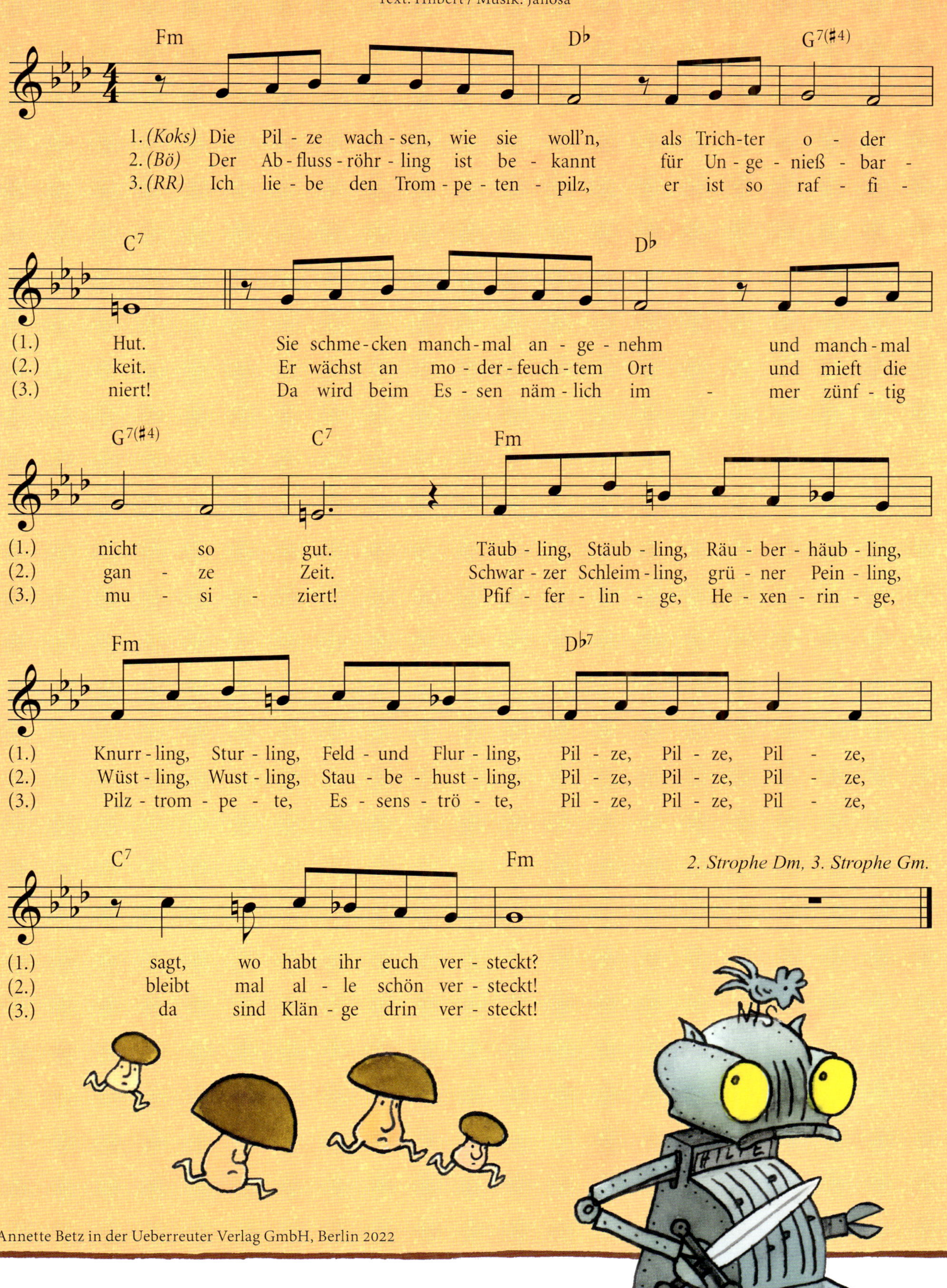

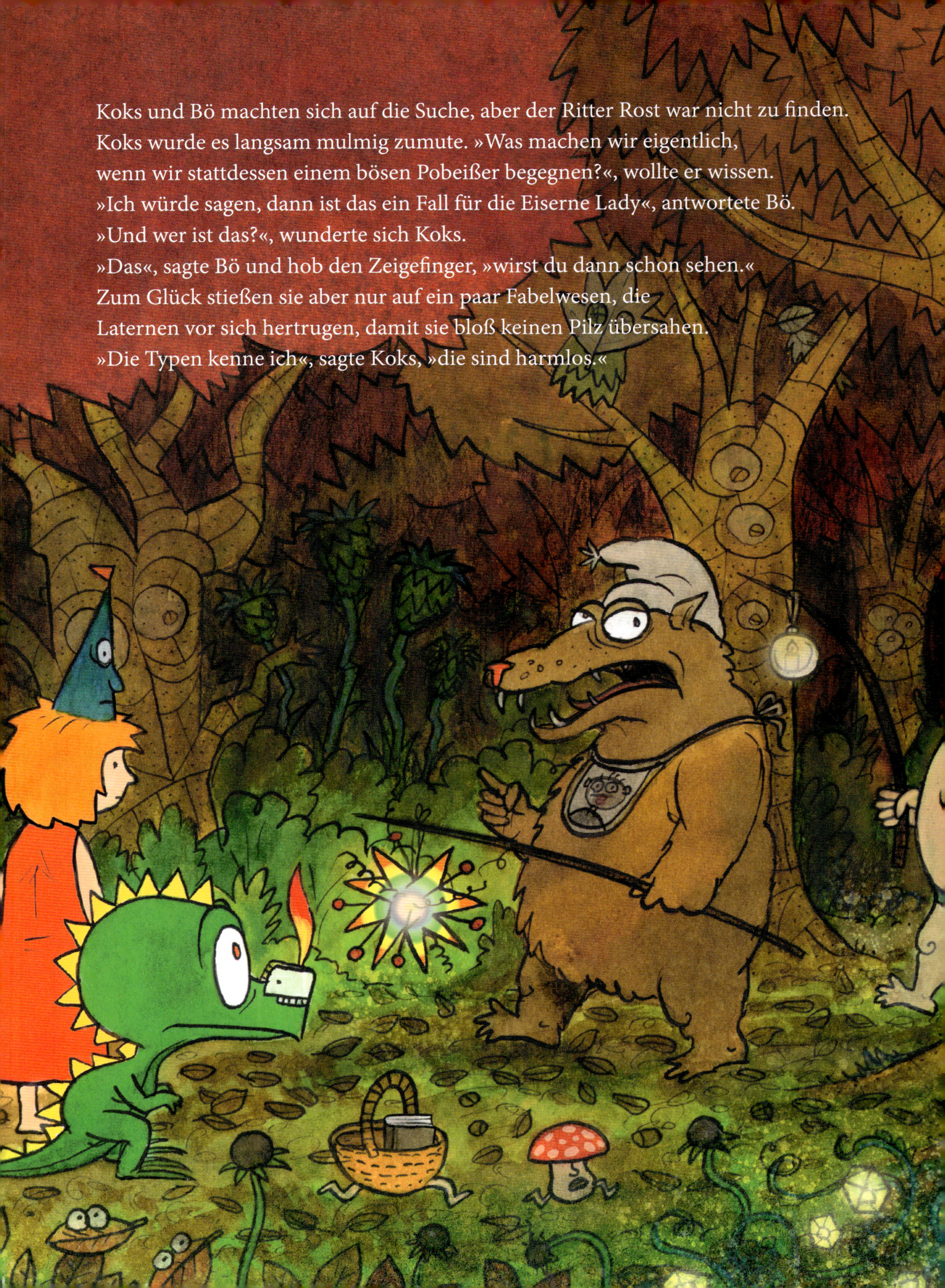

Koks und Bö machten sich auf die Suche, aber der Ritter Rost war nicht zu finden. Koks wurde es langsam mulmig zumute. »Was machen wir eigentlich, wenn wir stattdessen einem bösen Pobeißer begegnen?«, wollte er wissen. »Ich würde sagen, dann ist das ein Fall für die Eiserne Lady«, antwortete Bö. »Und wer ist das?«, wunderte sich Koks. »Das«, sagte Bö und hob den Zeigefinger, »wirst du dann schon sehen.« Zum Glück stießen sie aber nur auf ein paar Fabelwesen, die Laternen vor sich hertrugen, damit sie bloß keinen Pilz übersahen. »Die Typen kenne ich«, sagte Koks, »die sind harmlos.«

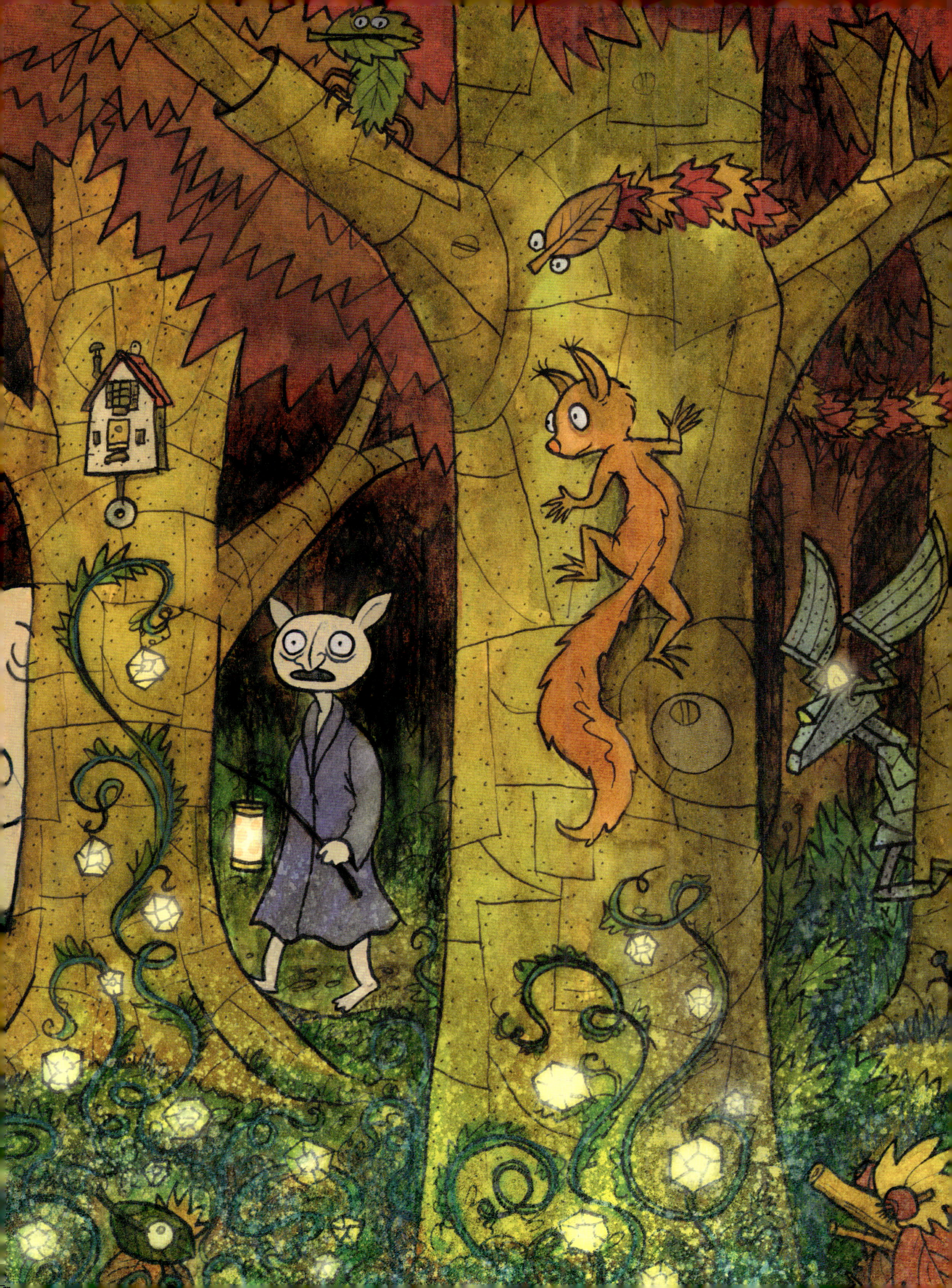

Bastle dir eine bunte **Herbstlaterne**. Du benötigst dazu eine Plastikflasche, Schere, Draht, Tapetenkleister, Pinsel, Transparentpapier, bunte Herbstblätter, einen Laternenstab und nötigenfalls etwas Draht oder Bindfaden.

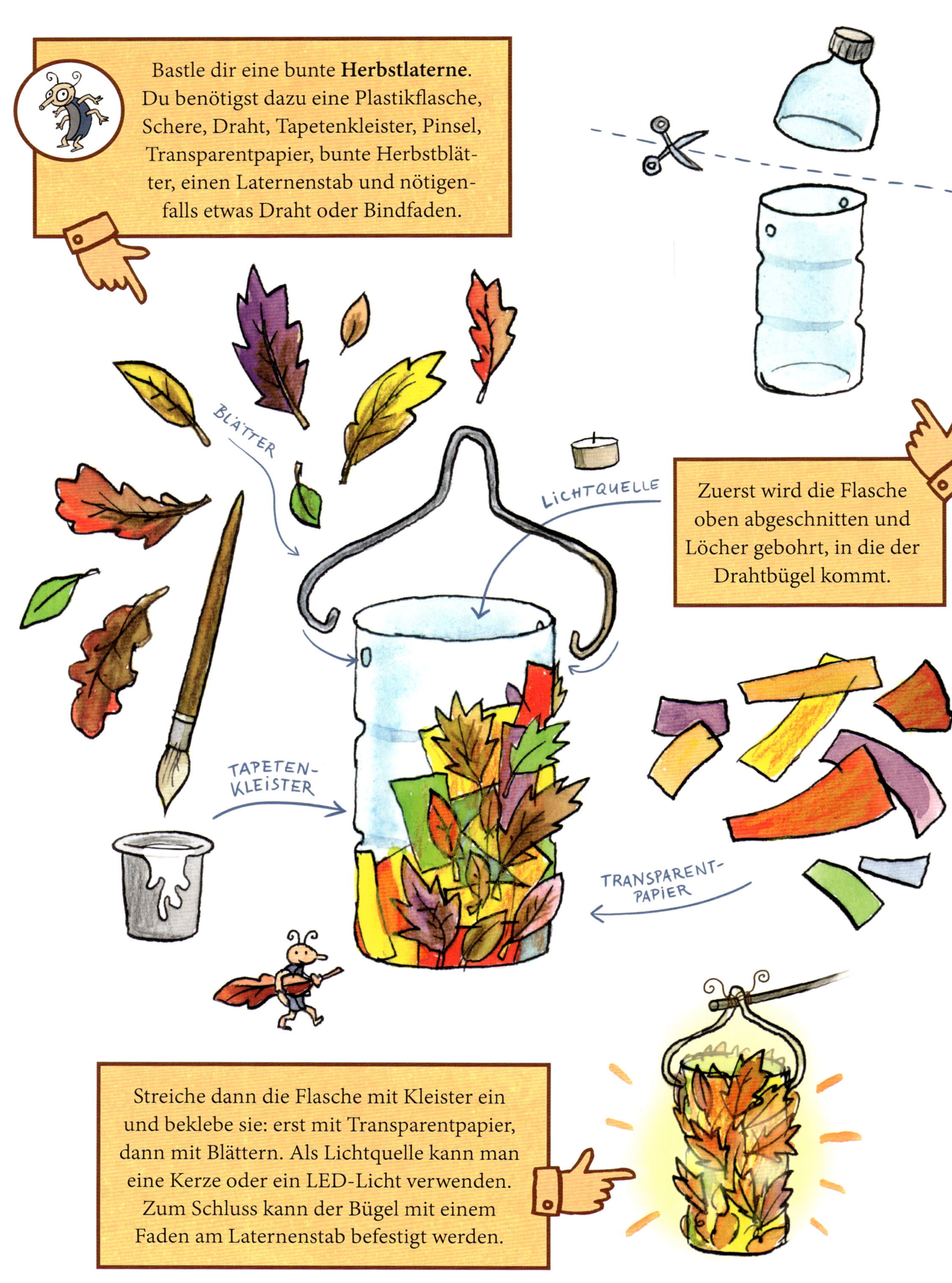

Zuerst wird die Flasche oben abgeschnitten und Löcher gebohrt, in die der Drahtbügel kommt.

Streiche dann die Flasche mit Kleister ein und beklebe sie: erst mit Transparentpapier, dann mit Blättern. Als Lichtquelle kann man eine Kerze oder ein LED-Licht verwenden. Zum Schluss kann der Bügel mit einem Faden am Laternenstab befestigt werden.

Meine Laterne

Text: Hilbert, Janosa / Musik: Janosa

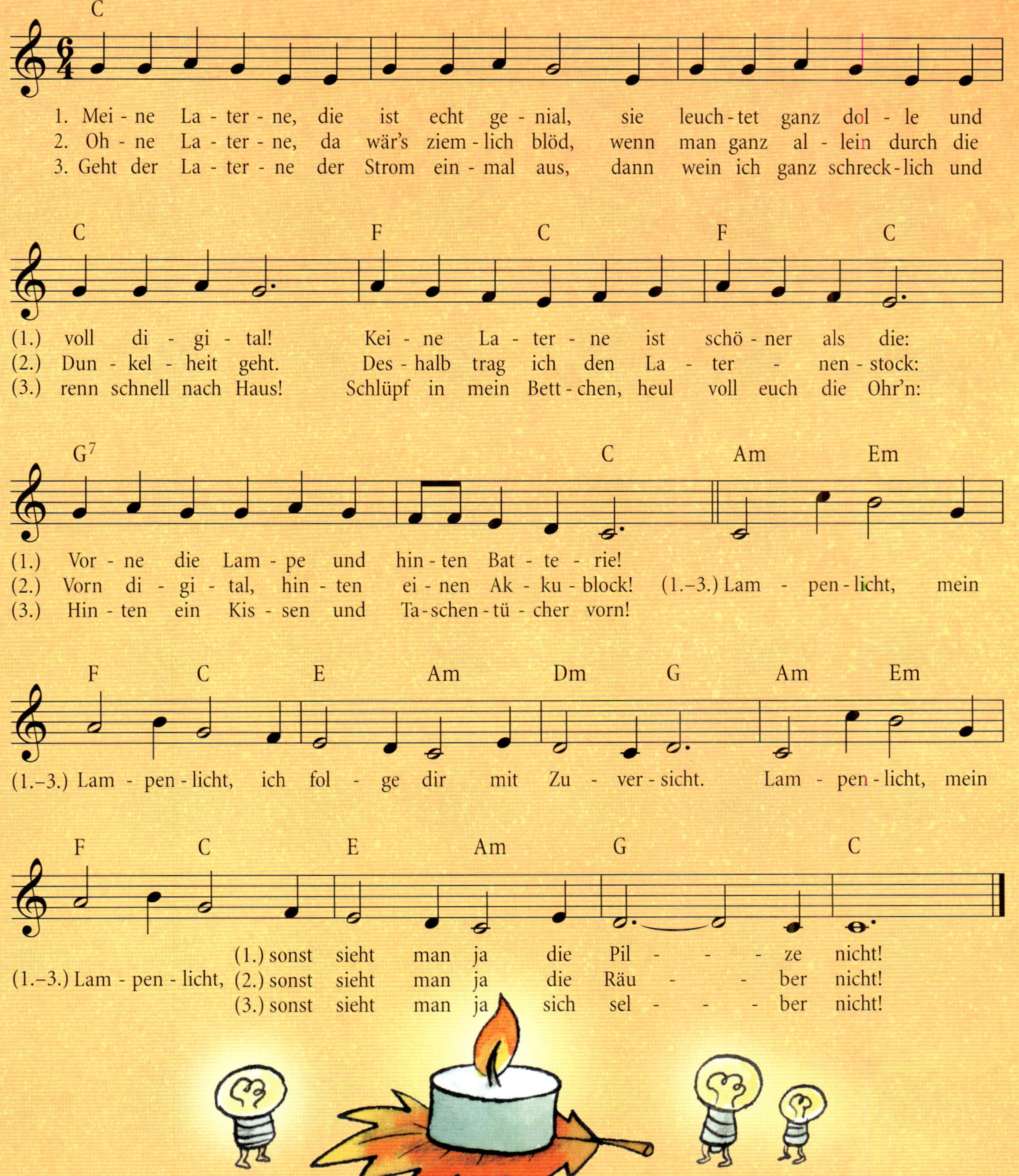

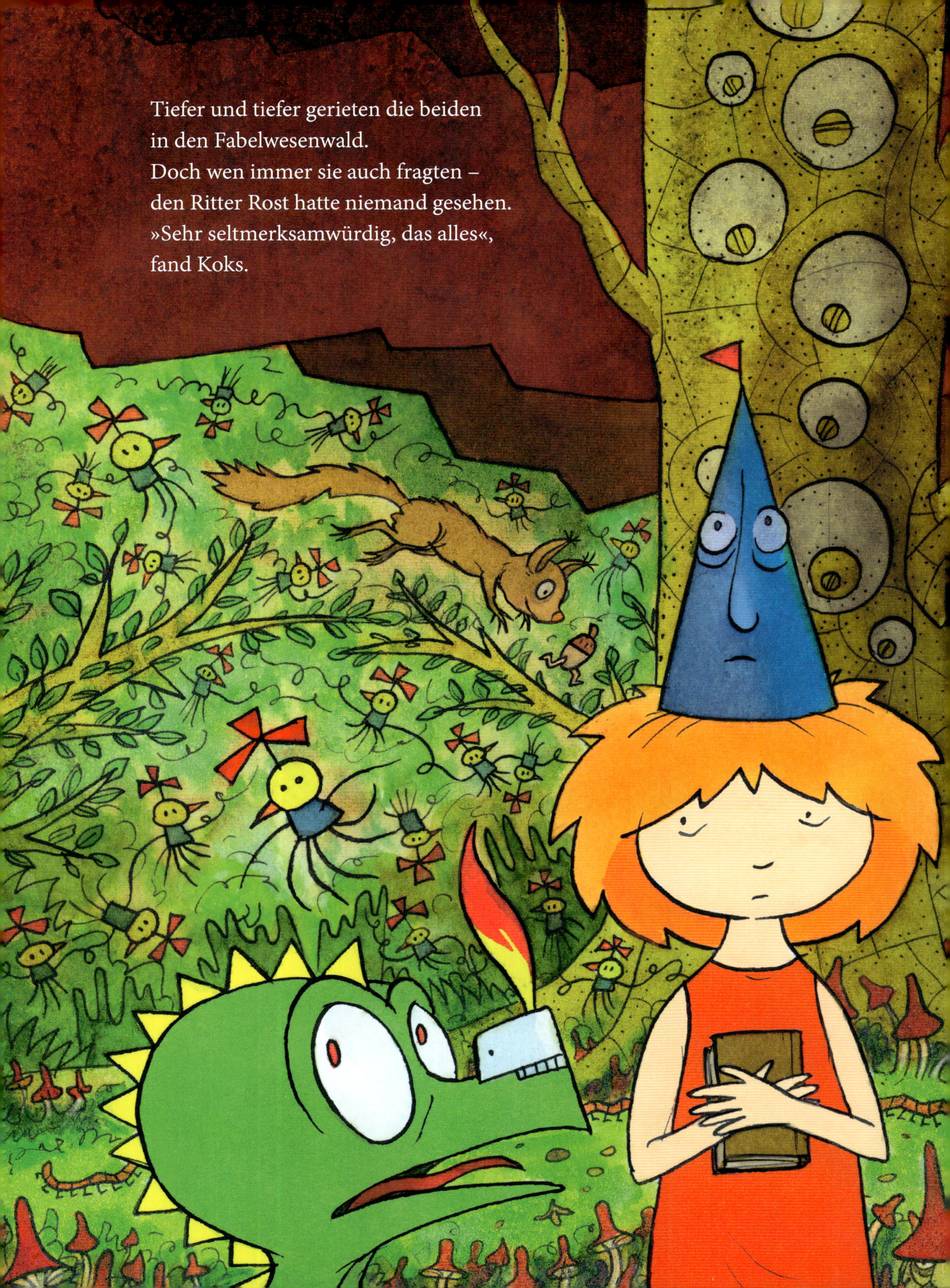

Tiefer und tiefer gerieten die beiden
in den Fabelwesenwald.
Doch wen immer sie auch fragten –
den Ritter Rost hatte niemand gesehen.
»Sehr seltmerksamwürdig, das alles«,
fand Koks.

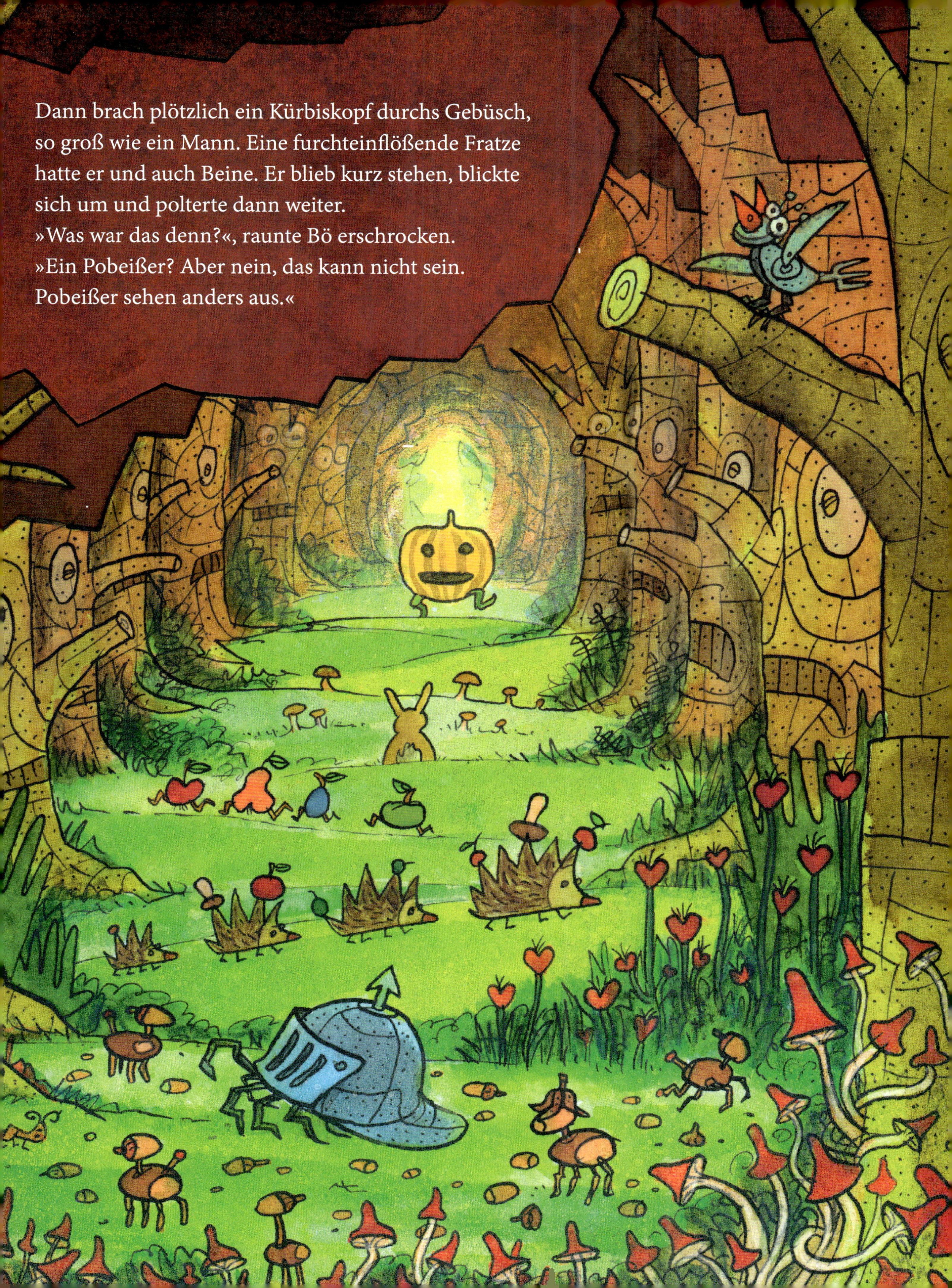

Dann brach plötzlich ein Kürbiskopf durchs Gebüsch, so groß wie ein Mann. Eine furchteinflößende Fratze hatte er und auch Beine. Er blieb kurz stehen, blickte sich um und polterte dann weiter.
»Was war das denn?«, raunte Bö erschrocken.
»Ein Pobeißer? Aber nein, das kann nicht sein. Pobeißer sehen anders aus.«

Im Herbst gibt es im Wald allerhand zu finden – nicht nur Pilze und Fabelwesen. Male und klebe doch mal ein **Blätterbild** und gib allen Tieren, die du erfindest, lustige Fantasienamen.

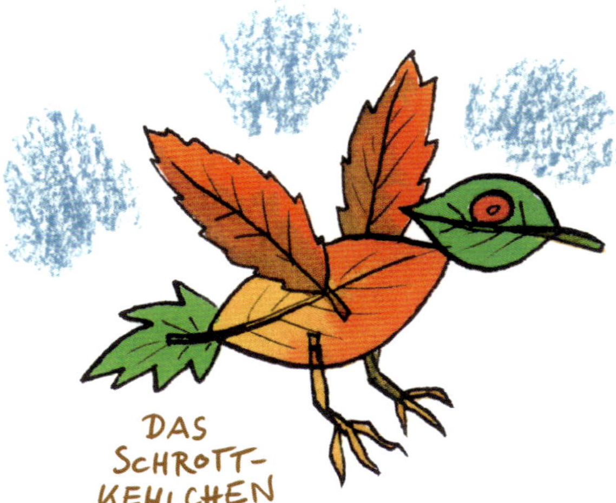

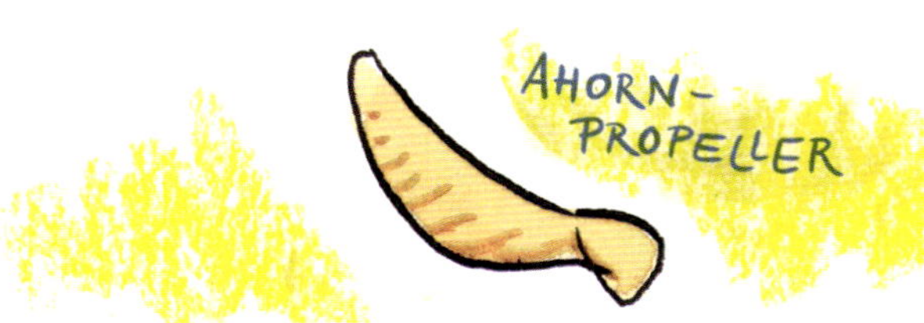

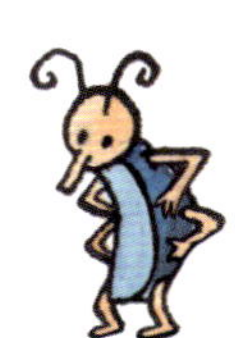

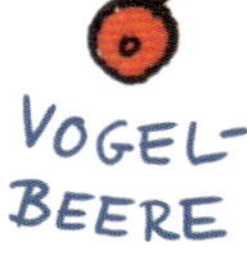

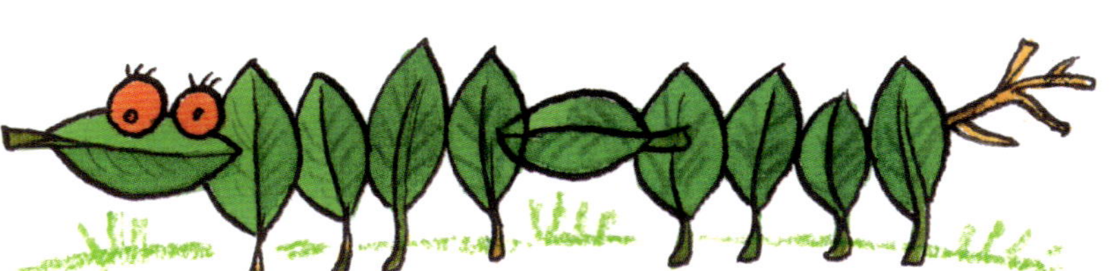

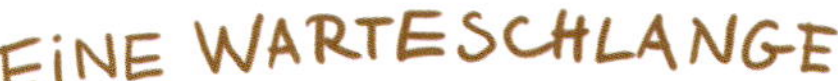

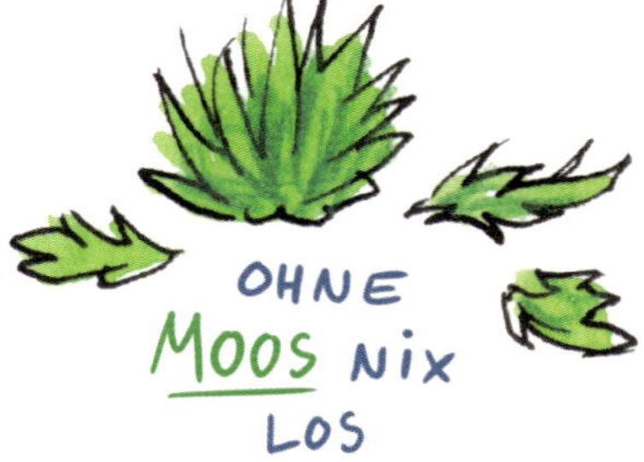

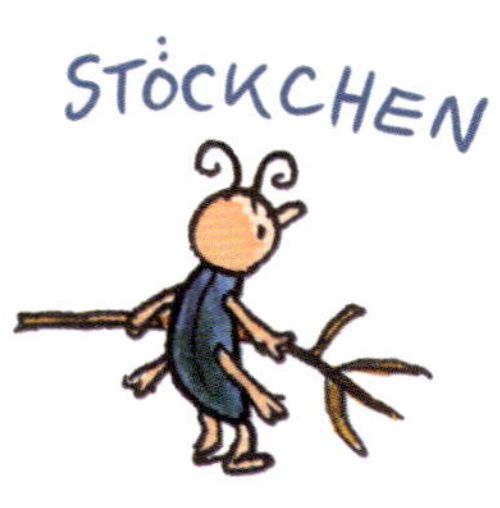

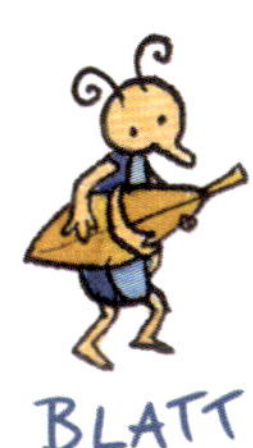

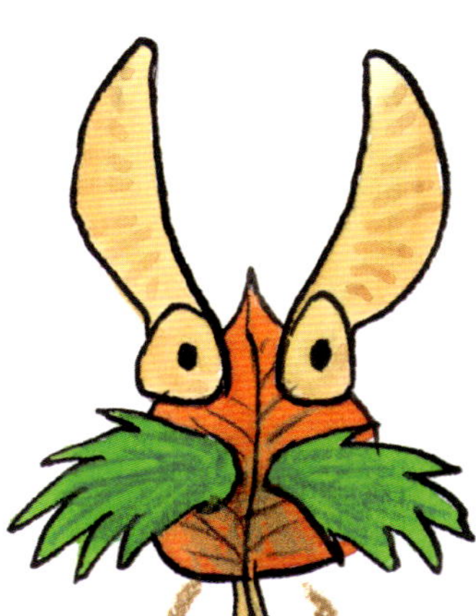

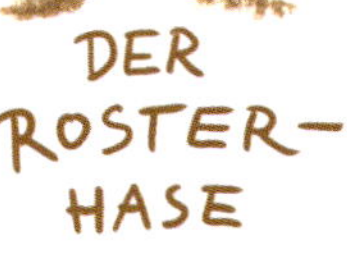

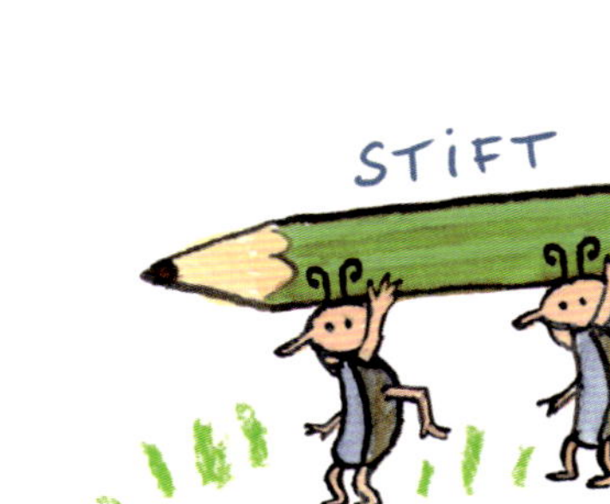

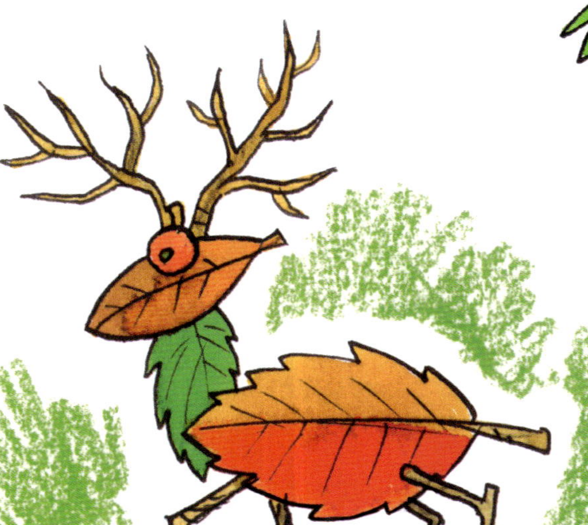

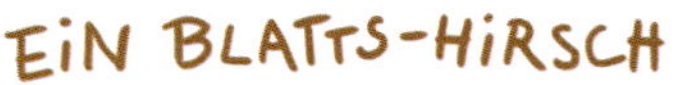

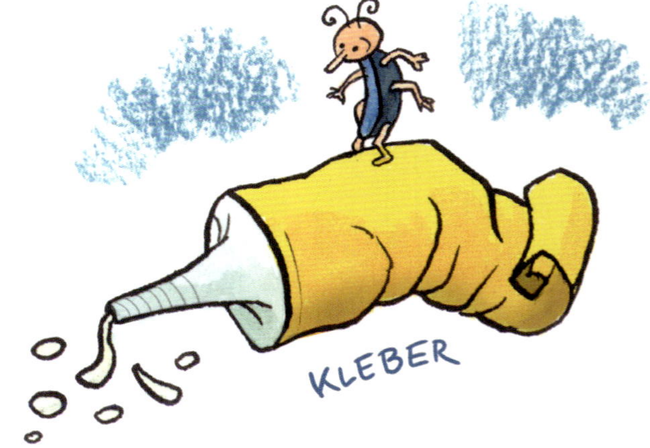

Ich mach das nur für Nüsse

Text: Hilbert / Musik: Janosa

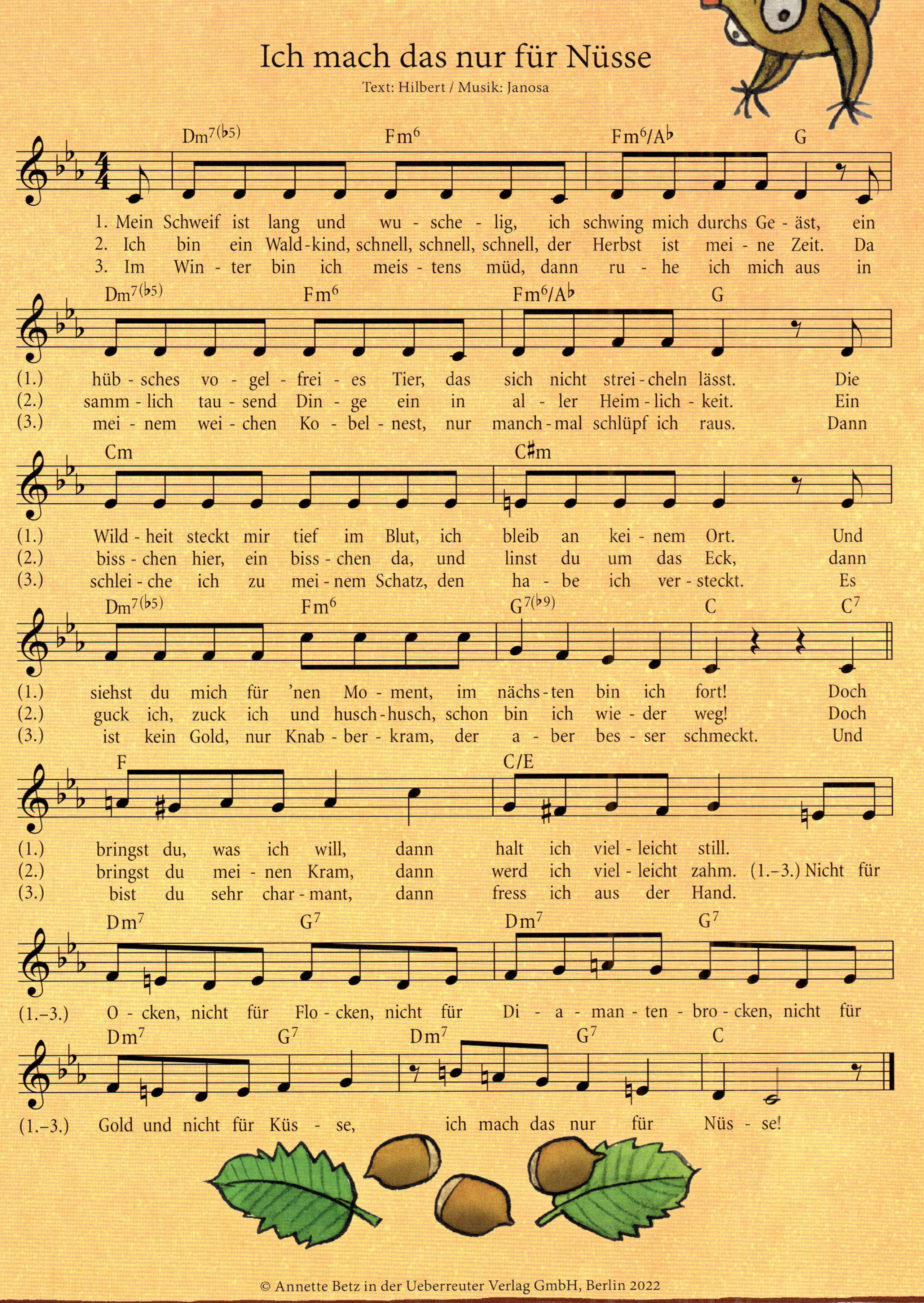

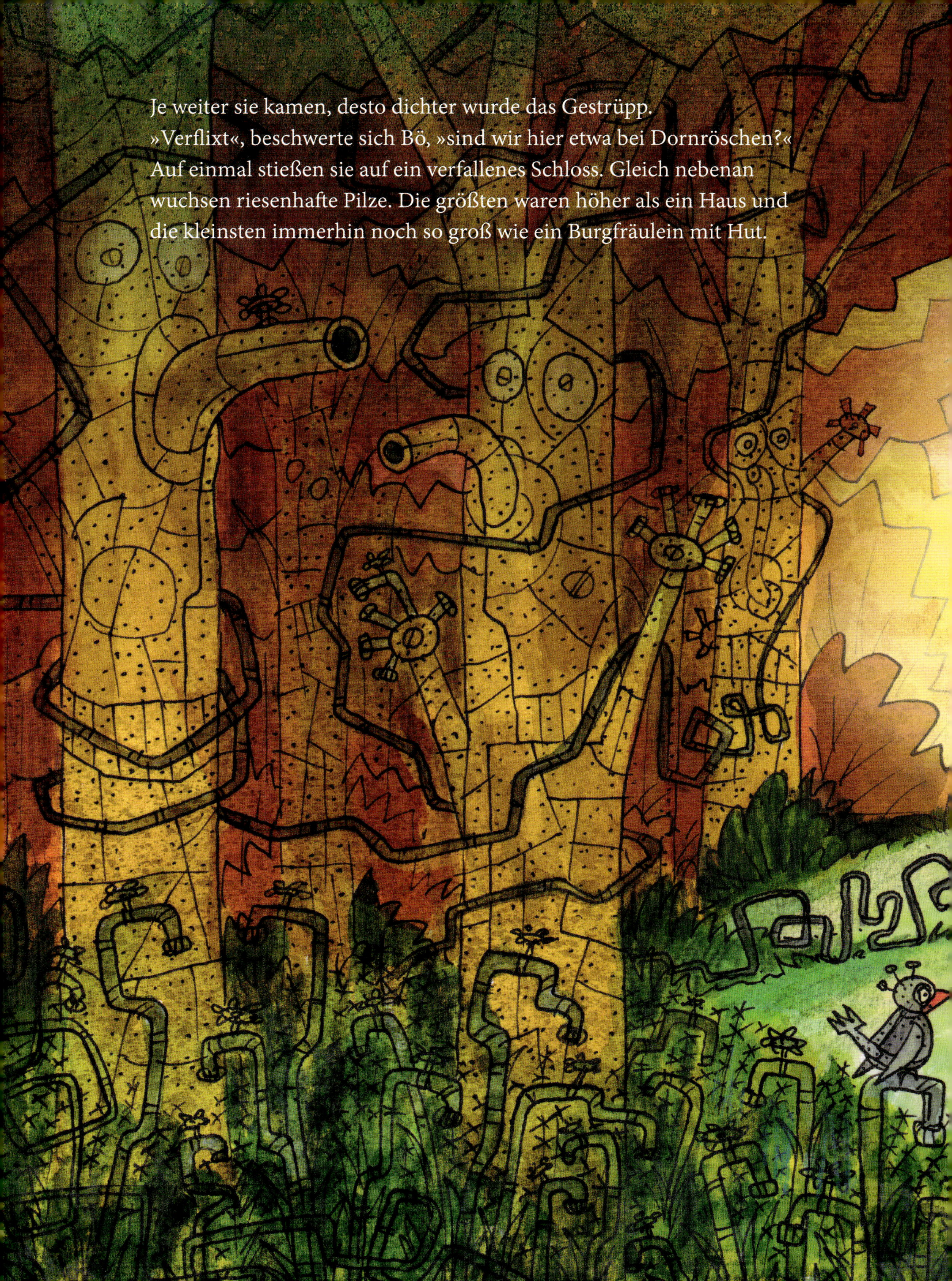

Je weiter sie kamen, desto dichter wurde das Gestrüpp.
»Verflixt«, beschwerte sich Bö, »sind wir hier etwa bei Dornröschen?«
Auf einmal stießen sie auf ein verfallenes Schloss. Gleich nebenan wuchsen riesenhafte Pilze. Die größten waren höher als ein Haus und die kleinsten immerhin noch so groß wie ein Burgfräulein mit Hut.

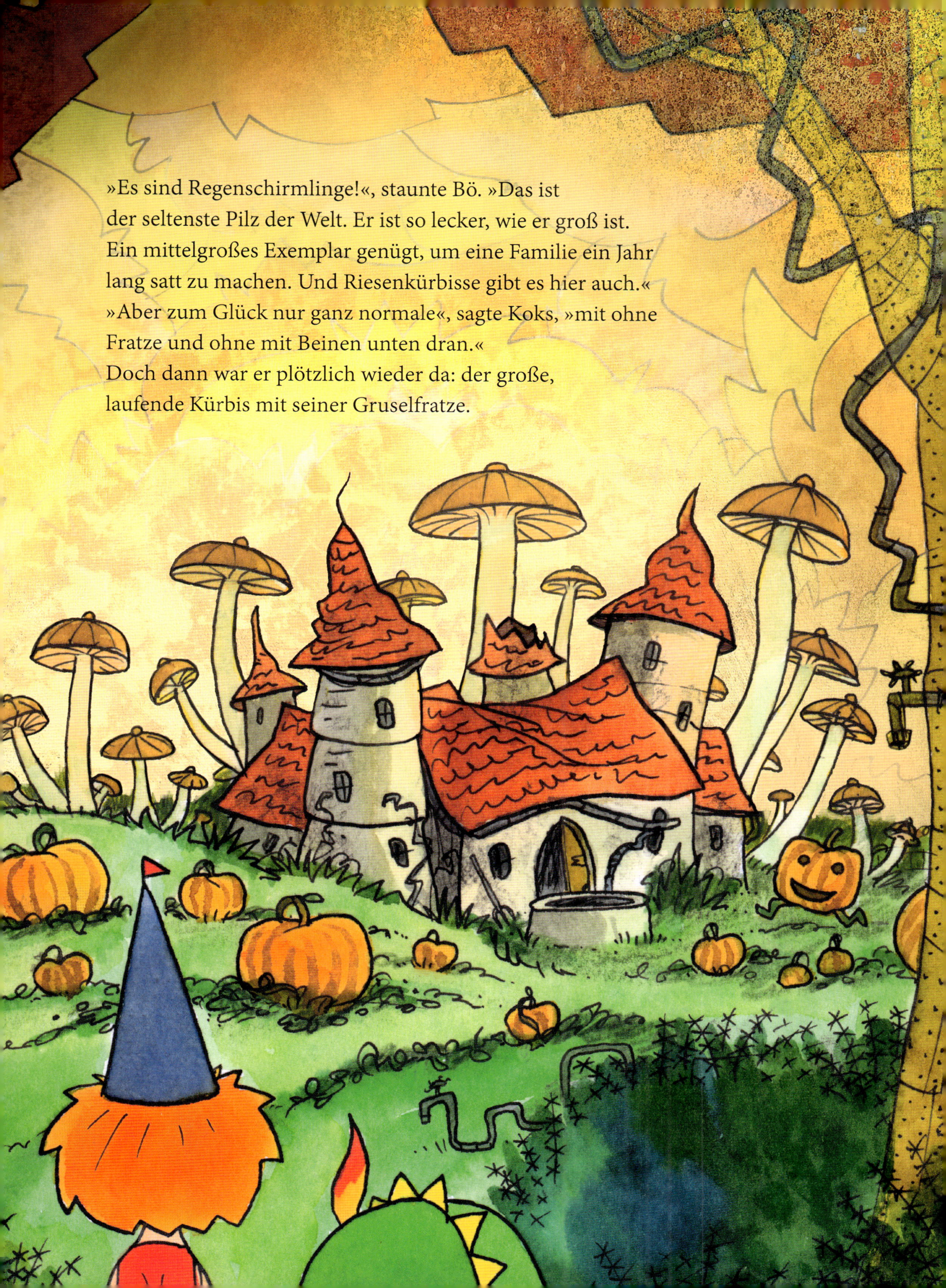

»Es sind Regenschirmlinge!«, staunte Bö. »Das ist der seltenste Pilz der Welt. Er ist so lecker, wie er groß ist. Ein mittelgroßes Exemplar genügt, um eine Familie ein Jahr lang satt zu machen. Und Riesenkürbisse gibt es hier auch.«

»Aber zum Glück nur ganz normale«, sagte Koks, »mit ohne Fratze und ohne mit Beinen unten dran.«

Doch dann war er plötzlich wieder da: der große, laufende Kürbis mit seiner Gruselfratze.

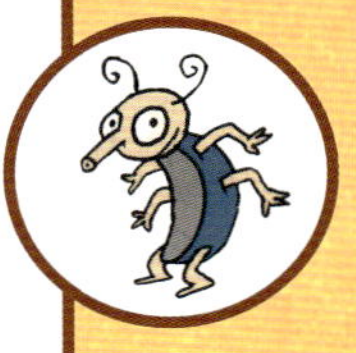

Möchtest du dir eine **Gruselfratze** basteln? Dann mach am besten eine Fotokopie von dieser Seite (dann musst du dieses Buch nicht zerschneiden). Schneide die Maske an der gestrichelten Linie aus. Lege diese Schablone auf stabilen Bastelkarton, ziehe den Umriss mit einem Stift nach und schneide die Maske dann endgültig aus.

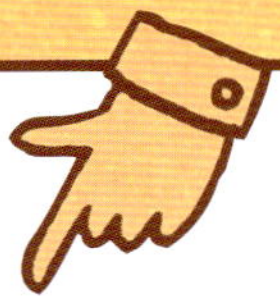

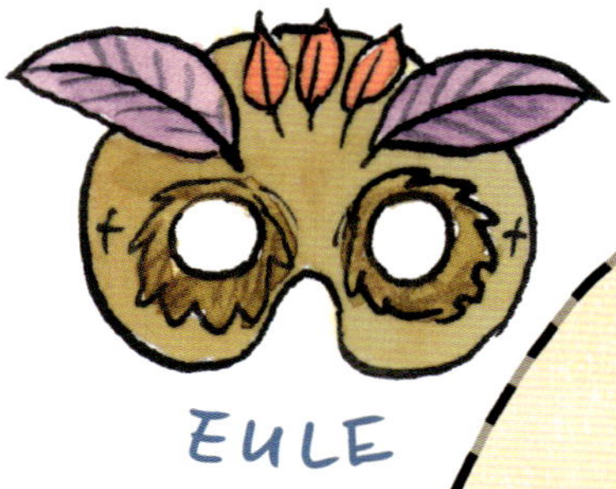

EULE

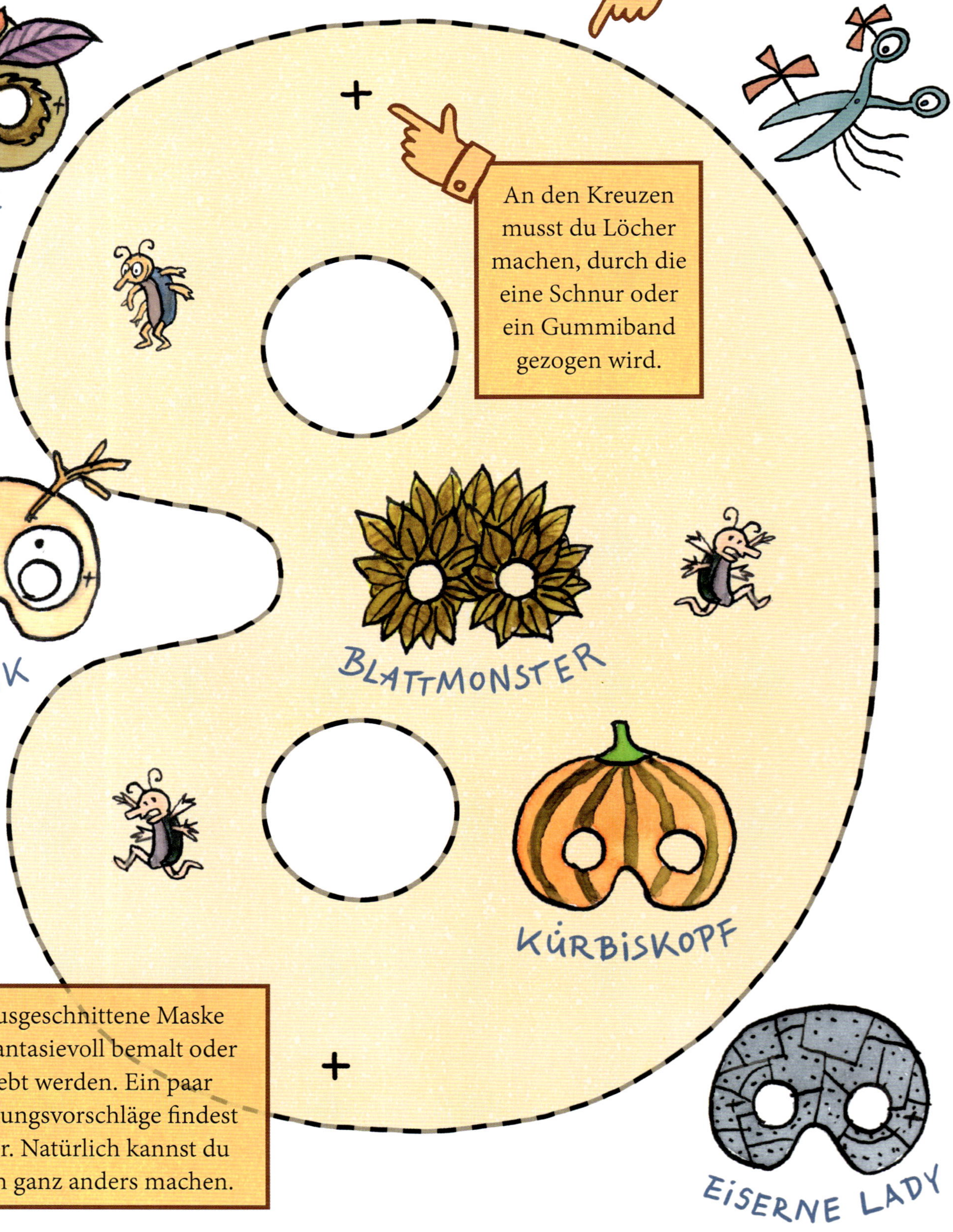

An den Kreuzen musst du Löcher machen, durch die eine Schnur oder ein Gummiband gezogen wird.

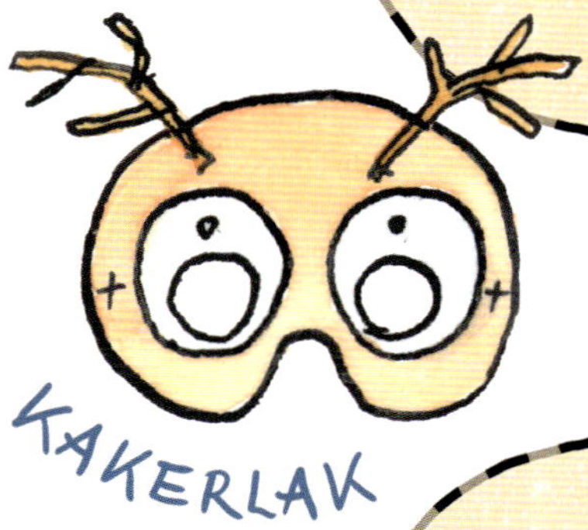

KAKERLAK

BLATTMONSTER

KÜRBISKOPF

Die ausgeschnittene Maske kann fantasievoll bemalt oder beklebt werden. Ein paar Gestaltungsvorschläge findest du hier. Natürlich kannst du es auch ganz anders machen.

EISERNE LADY

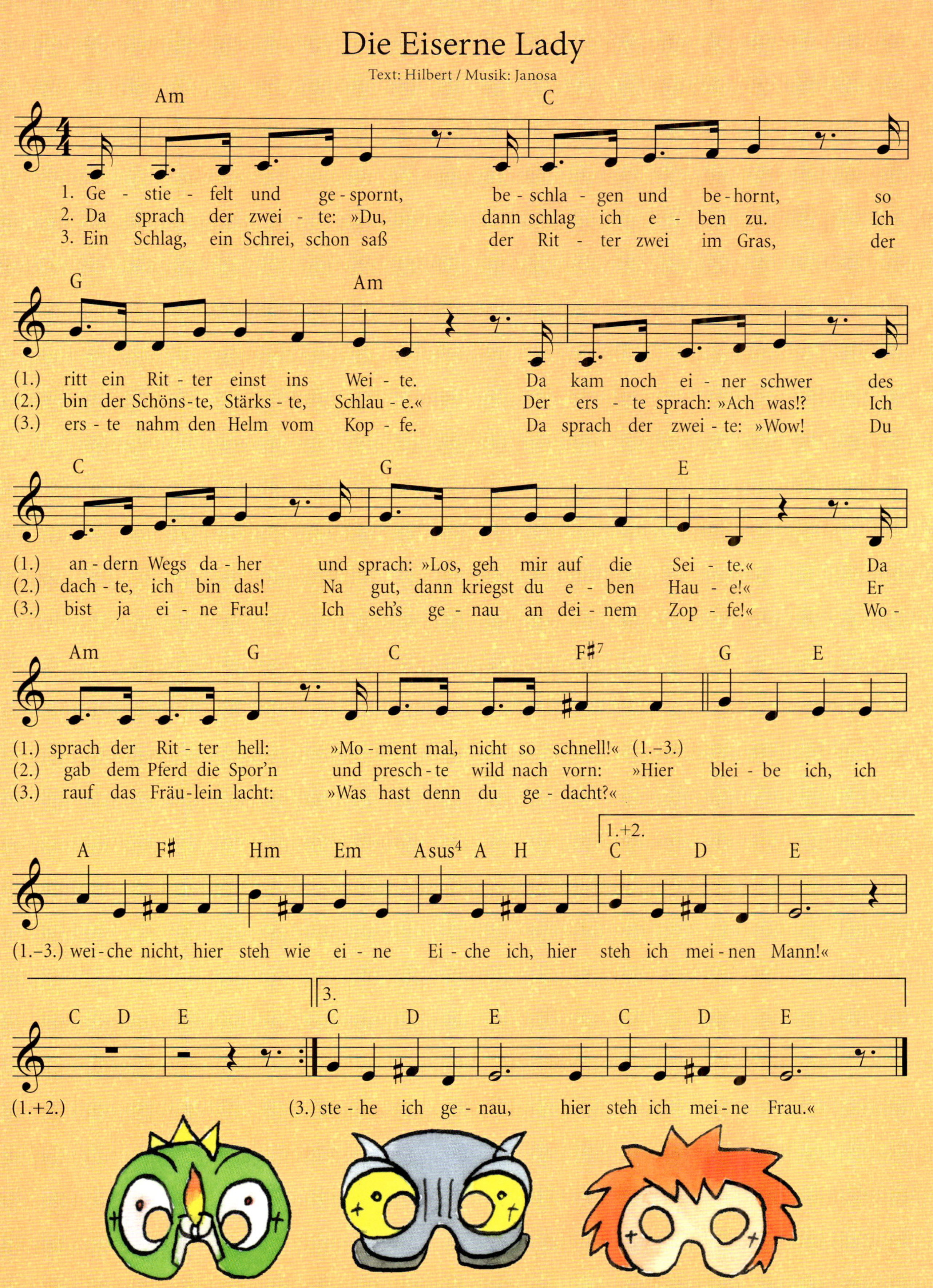
Die Eiserne Lady
Text: Hilbert / Musik: Janosa
Am C
1. Ge - stie - felt und ge - spornt, be - schla - gen und be - hornt, so
2. Da sprach der zwei - te: »Du, dann schlag ich e - ben zu. Ich
3. Ein Schlag, ein Schrei, schon saß der Rit - ter zwei im Gras, der
G Am
(1.) ritt ein Rit - ter einst ins Wei - te. Da kam noch ei - ner schwer des
(2.) bin der Schöns - te, Stärks - te, Schlau - e.« Der ers - te sprach: »Ach was!? Ich
(3.) ers - te nahm den Helm vom Kop - fe. Da sprach der zwei - te: »Wow! Du
C G E
(1.) an - dern Wegs da - her und sprach: »Los, geh mir auf die Sei - te.« Da
(2.) dach - te, ich bin das! Na gut, dann kriegst du e - ben Hau - e!« Er
(3.) bist ja ei - ne Frau! Ich seh's ge - nau an dei - nem Zop - fe!« Wo -
Am G C F♯7 G E
(1.) sprach der Rit - ter hell: »Mo - ment mal, nicht so schnell!« (1.–3.)
(2.) gab dem Pferd die Spor'n und presch - te wild nach vorn: »Hier blei - be ich, ich
(3.) rauf das Fräu - lein lacht: »Was hast denn du ge - dacht?«
A F♯ Hm Em Asus4 A H 1.+2. C D E
(1.–3.) wei - che nicht, hier steh wie ei - ne Ei - che ich, hier steh ich mei - nen Mann!«
C D E 3. C D E C D E
(1.+2.) (3.) ste - he ich ge - nau, hier steh ich mei - ne Frau.«

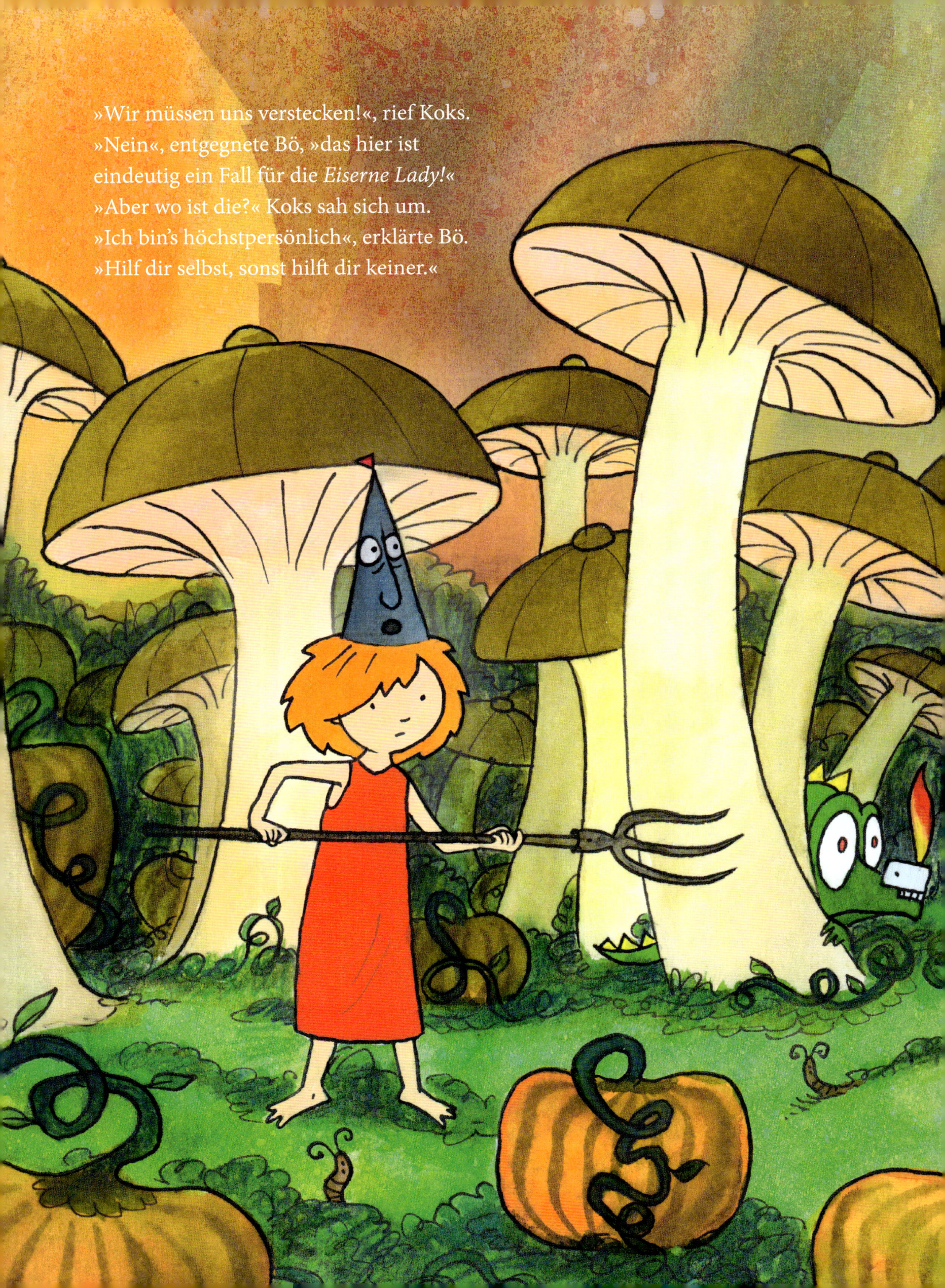

»Wir müssen uns verstecken!«, rief Koks.
»Nein«, entgegnete Bö, »das hier ist eindeutig ein Fall für die *Eiserne Lady!*«
»Aber wo ist die?« Koks sah sich um.
»Ich bin's höchstpersönlich«, erklärte Bö.
»Hilf dir selbst, sonst hilft dir keiner.«

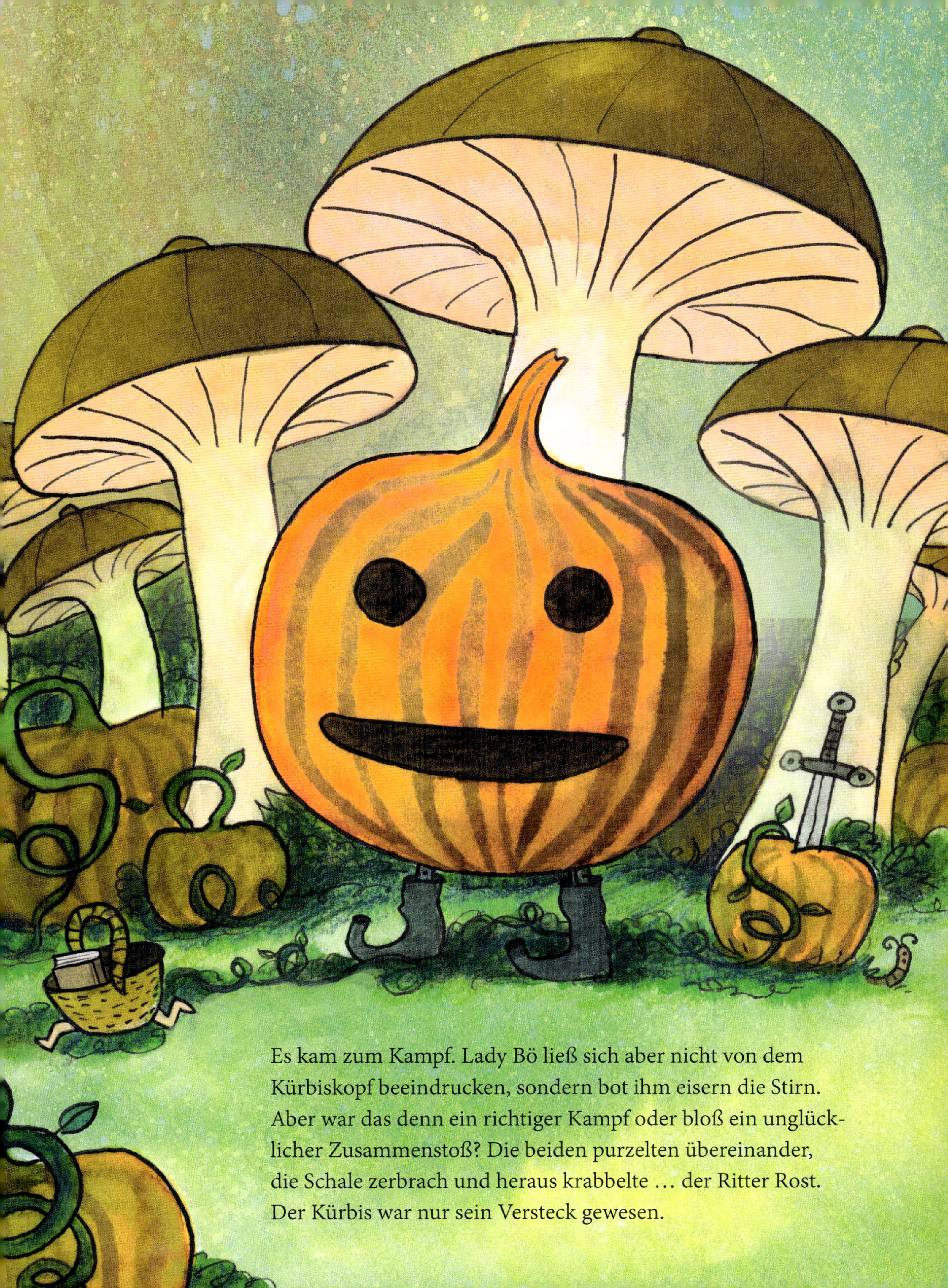

Es kam zum Kampf. Lady Bö ließ sich aber nicht von dem Kürbiskopf beeindrucken, sondern bot ihm eisern die Stirn. Aber war das denn ein richtiger Kampf oder bloß ein unglücklicher Zusammenstoß? Die beiden purzelten übereinander, die Schale zerbrach und heraus krabbelte … der Ritter Rost. Der Kürbis war nur sein Versteck gewesen.

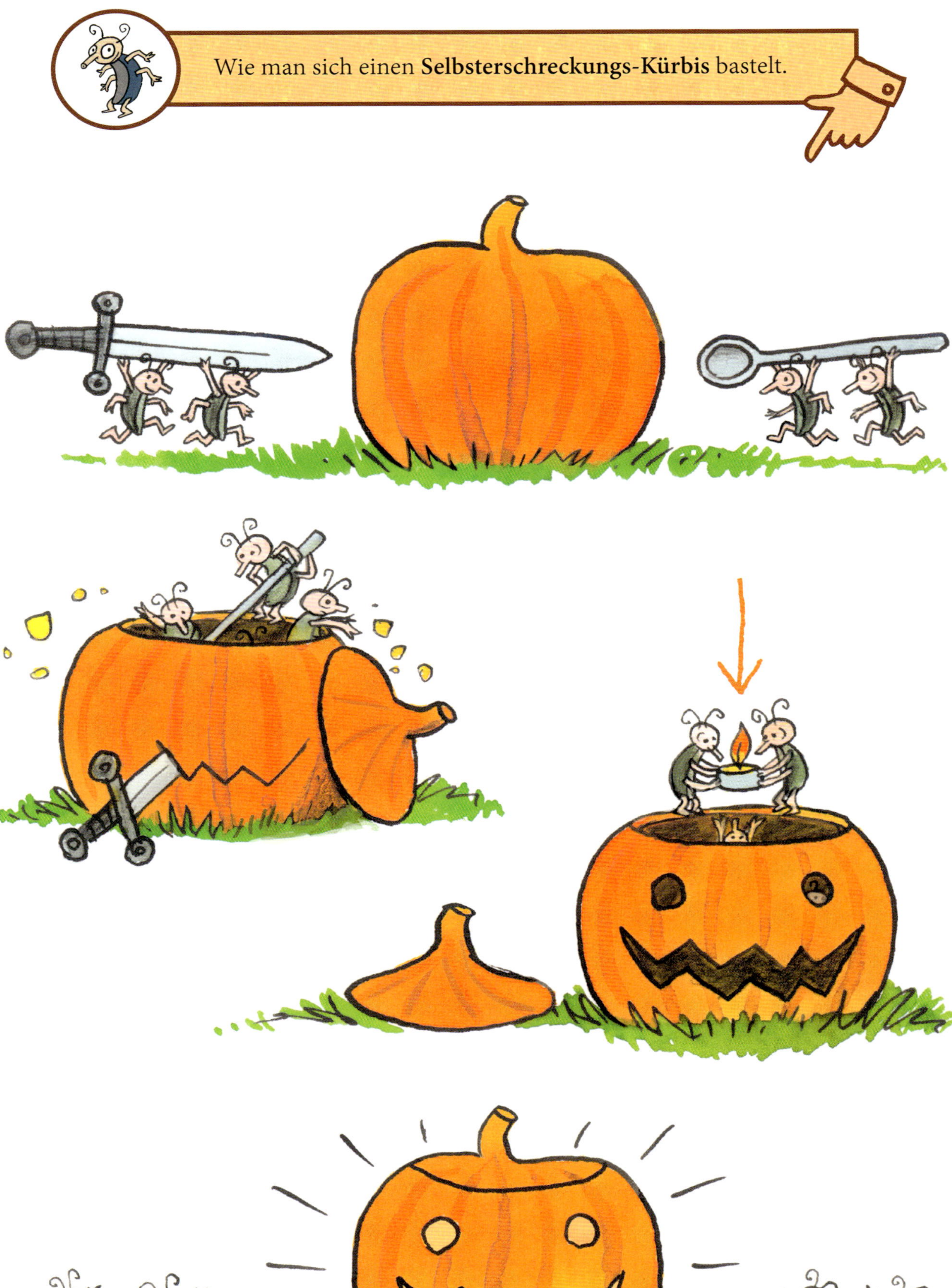
Wie man sich einen **Selbsterschreckungs-Kürbis** bastelt.

Herr Irgendwie

Text: Hilbert / Musik: Janosa

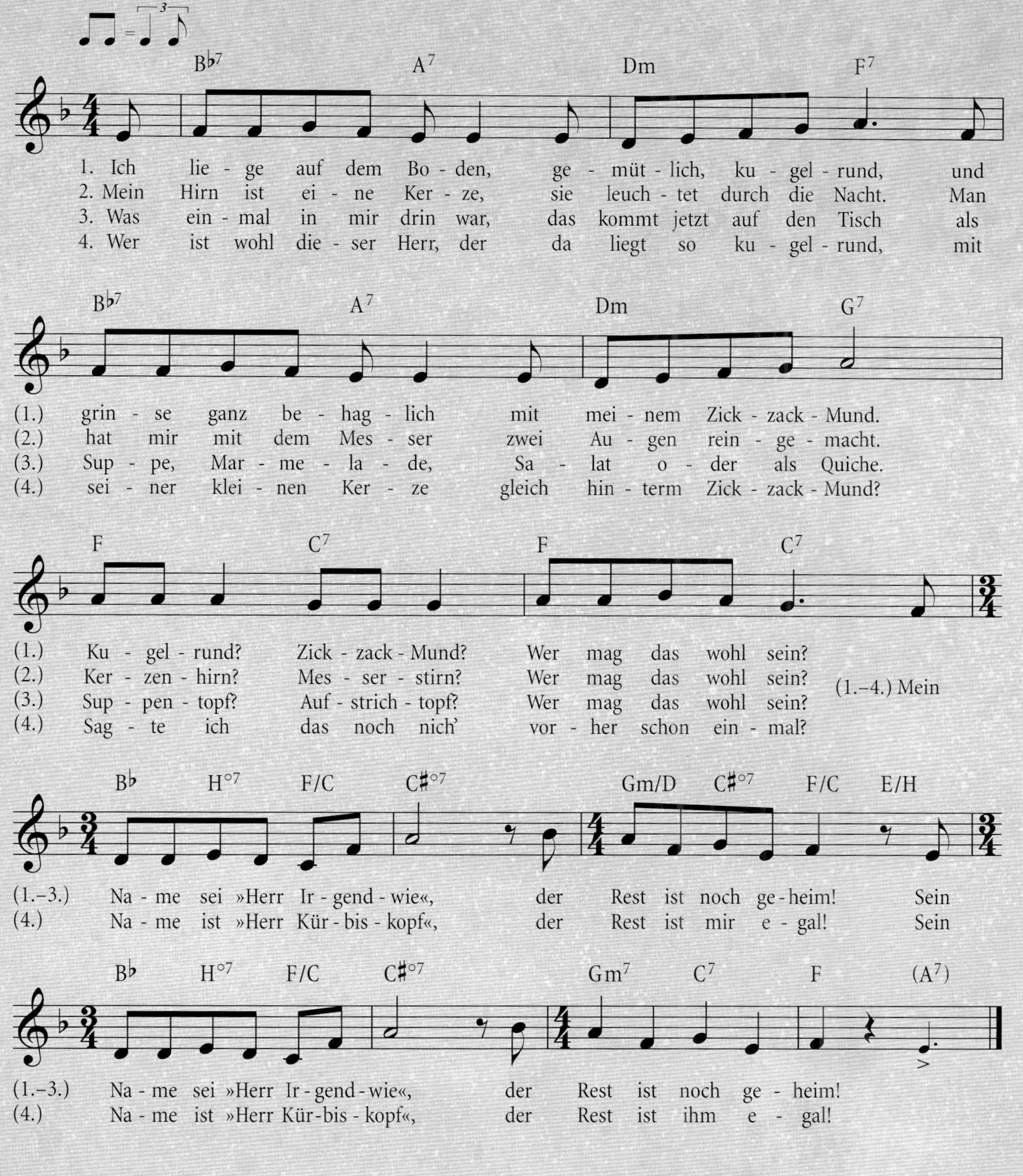

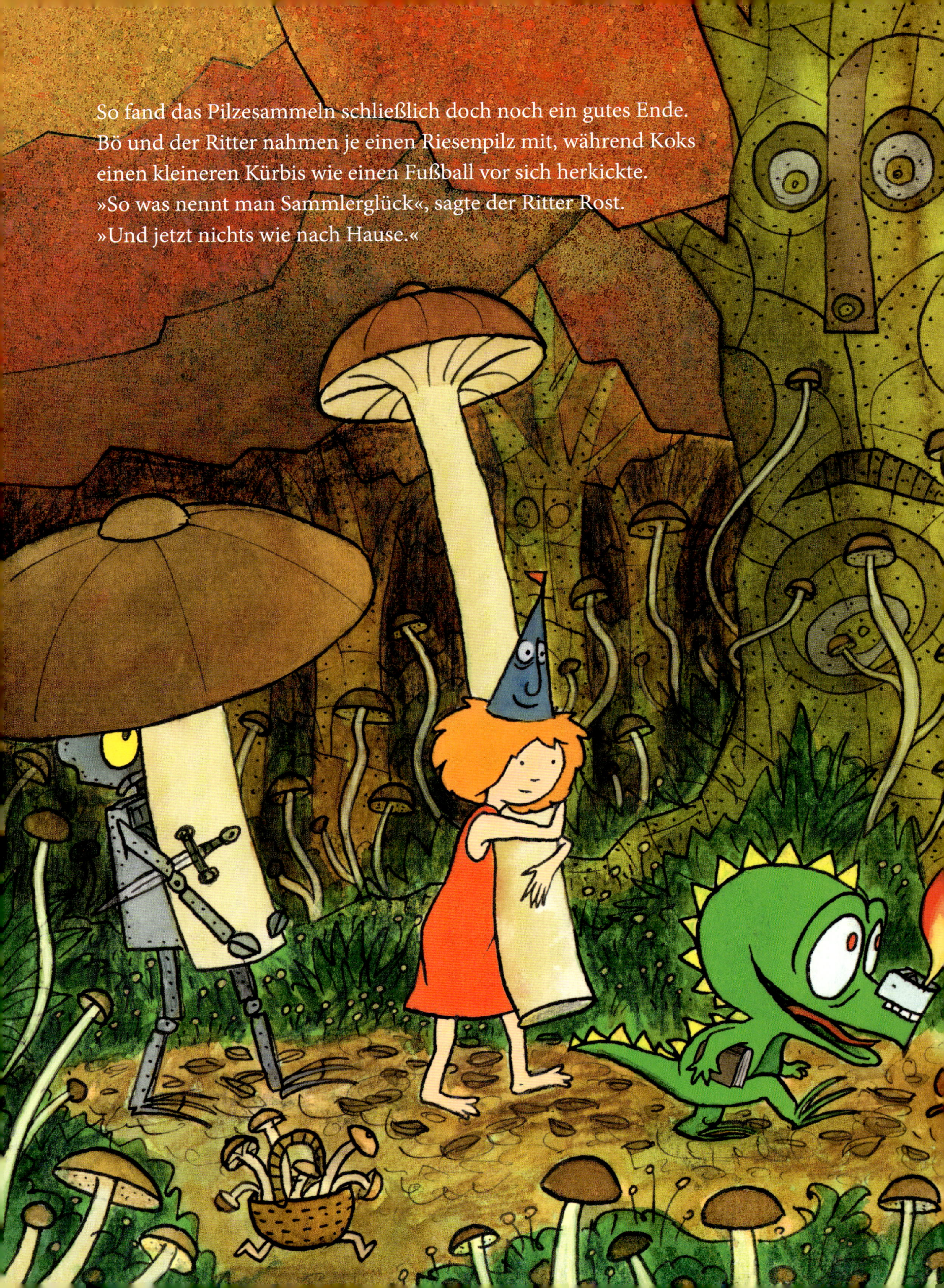

So fand das Pilzesammeln schließlich doch noch ein gutes Ende. Bö und der Ritter nahmen je einen Riesenpilz mit, während Koks einen kleineren Kürbis wie einen Fußball vor sich herkickte. »So was nennt man Sammlerglück«, sagte der Ritter Rost. »Und jetzt nichts wie nach Hause.«

Da hatte er was an

Text: Hilbert / Musik: Janosa

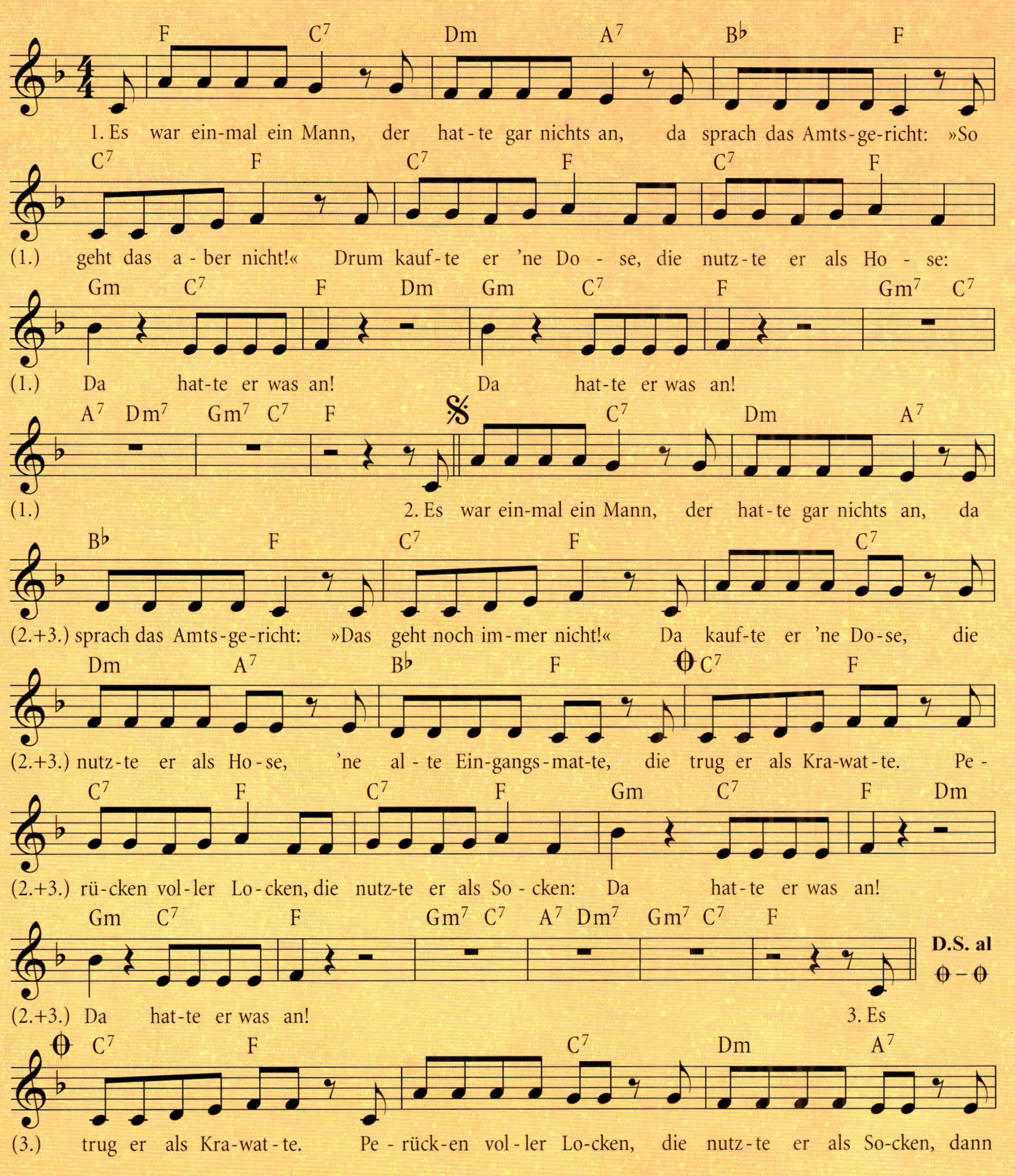

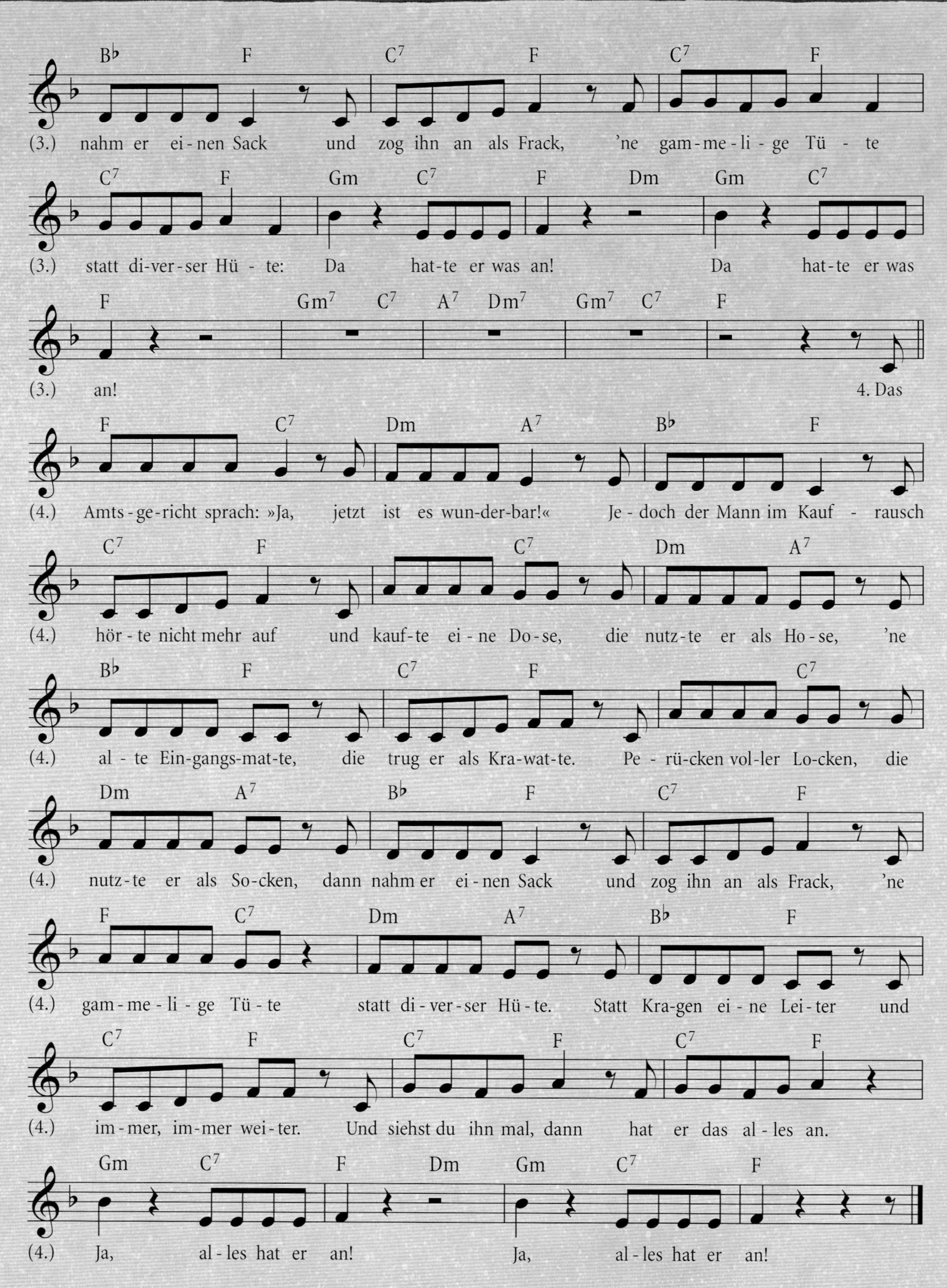
(3.) nahm er ei-nen Sack und zog ihn an als Frack, ’ne gam-me-li-ge Tü - te
(3.) statt di-ver-ser Hü - te: Da hat-te er was an! Da hat-te er was
(3.) an! 4. Das
(4.) Amts-ge-richt sprach: »Ja, jetzt ist es wun-der-bar!« Je-doch der Mann im Kauf - rausch
(4.) hör-te nicht mehr auf und kauf-te ei-ne Do-se, die nutz-te er als Ho-se, ’ne
(4.) al-te Ein-gangs-mat-te, die trug er als Kra-wat-te. Pe-rü-cken vol-ler Lo-cken, die
(4.) nutz-te er als So-cken, dann nahm er ei-nen Sack und zog ihn an als Frack, ’ne
(4.) gam-me-li-ge Tü-te statt di-ver-ser Hü-te. Statt Kra-gen ei-ne Lei-ter und
(4.) im-mer, im-mer wei-ter. Und siehst du ihn mal, dann hat er das al-les an.
(4.) Ja, al-les hat er an! Ja, al-les hat er an!

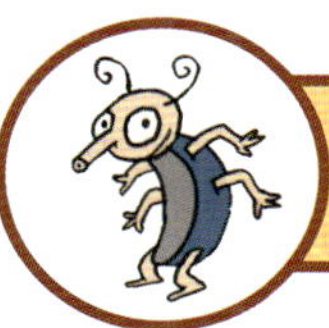

Lecker, lecker, diese Kost: **Kürbissuppe**

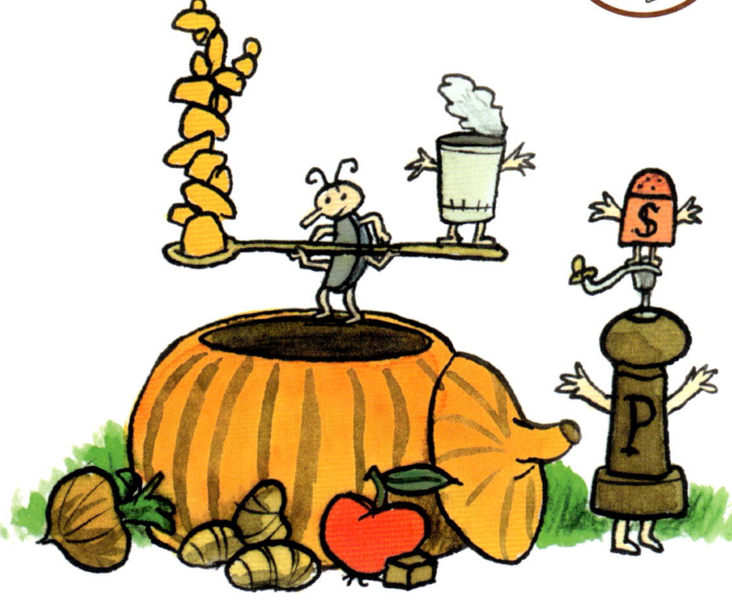

Du brauchst dafür:

- 1 kg Kürbisfleisch
- 1 Zwiebel
- 3 Kartoffeln
- 1 Apfel (muss nicht unbedingt sein)
- 2 Tassen Wasser
- 1 Würfel Gemüsebrühe

Zum Abschmecken und Würzen:

- 1 Becher saure Sahne oder Schmand
- Salz, Pfeffer und andere Gewürze (z. B. Curry) – je nach Geschmack

Lass dir nötigenfalls helfen!

Zwiebeln, Kartoffeln und Apfel werden geschält und in kleine Stücke geschnipselt. Die Gemüsebrühe wird im Wasser aufgelöst (in warmem Wasser geht es besser).

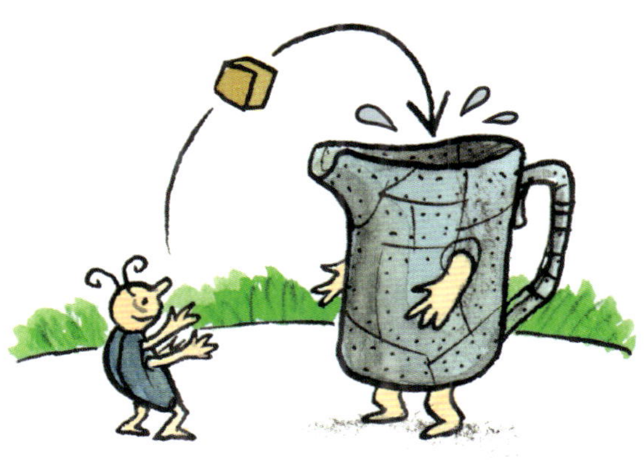

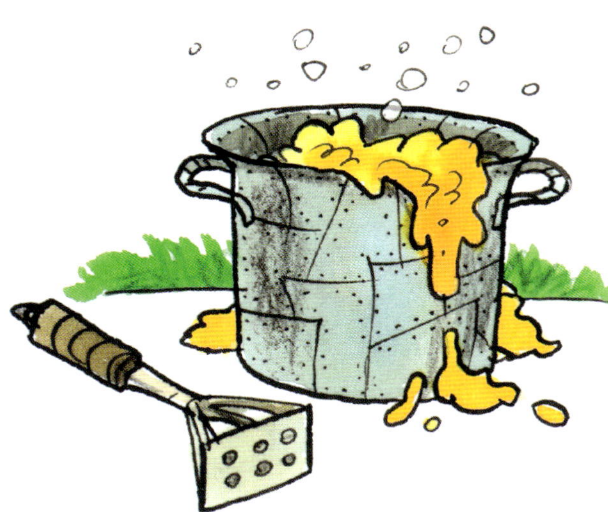

Alles zusammen kommt in einen Topf, in dem es 40 Minuten köchelt. Danach wird die Pampe püriert. Das kann man mit einem Pürierstab machen, mit einer Küchenmaschine oder aber auch mit einem einfachen Suppenstampfer.

Am Ende wird die Suppe gewürzt und abgeschmeckt. Guten Appetit!

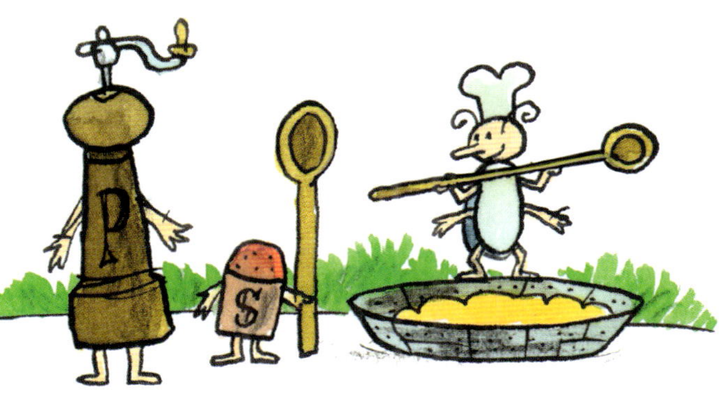

ERZÄHLER: Fritz Stavenhagen
BÖ: Patricia Prawit
KOKS: Felix Janosa
RITTER ROST: Björn Dömkes
MIES: Jörg Hilbert
CELSIUS: Dieter Brink
SCHNEEFRAU, HÄSLEINHÜPF: Constanze Backes
KINDERCHOR: Friederike Stirken, Luna Lange, Alma Froemer, Anika Maaß
LEITUNG KINDERCHOR: Angela Froemer
SOLOSTIMME: Tabea Hilbert
PIANO, KEYBOARDS: Felix Janosa
GITARREN: Dieter Brink, Markus Gahlen, Manni Hollaender, Antoine Pütz
BASS: Antoine Pütz, Dieter Brink
TUBA: Alex Morsey
BANJO: Rolf Marx
DRUMS: Steffen Thormählen, Kurt Billker
ARRANGEMENTS UND PRODUKTION: Felix Janosa
AUFNAHME, MIX UND MASTERING 2013: Alex Jacobi, Aachen
TONASSISTENZ: Jan Felix Klein, Thomas Schug

HÖRSPIEL 4: WINTER

RITTER ROST UND DER YETI

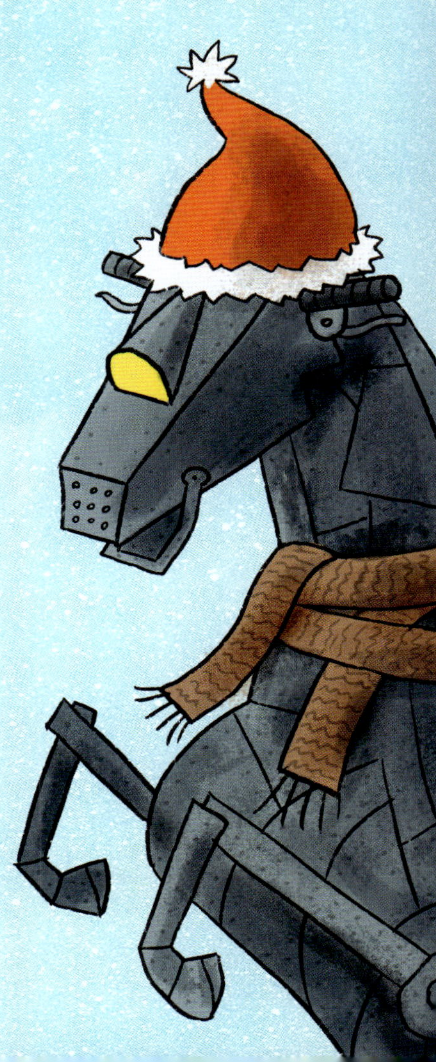

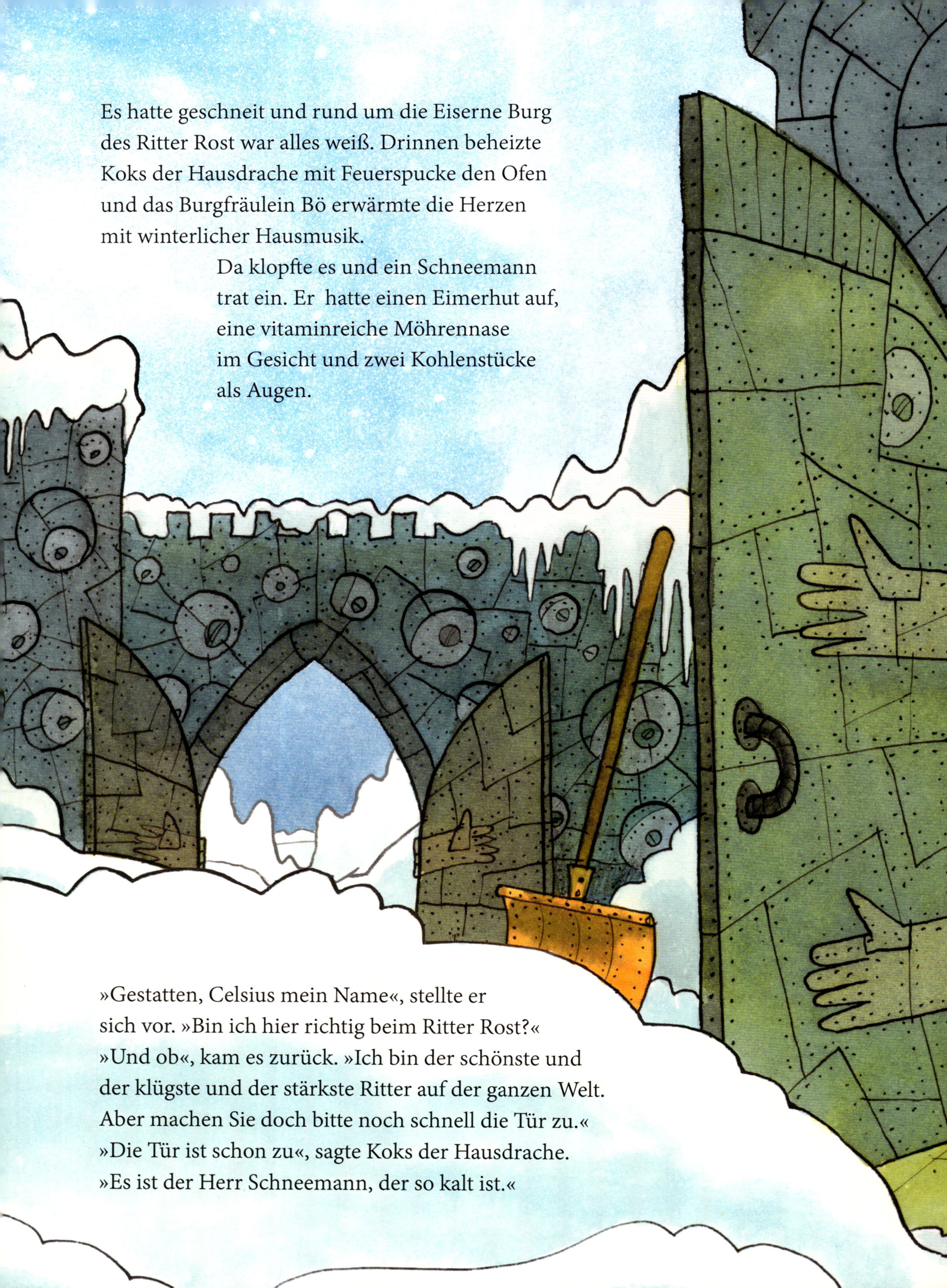

Es hatte geschneit und rund um die Eiserne Burg des Ritter Rost war alles weiß. Drinnen beheizte Koks der Hausdrache mit Feuerspucke den Ofen und das Burgfräulein Bö erwärmte die Herzen mit winterlicher Hausmusik.

Da klopfte es und ein Schneemann trat ein. Er hatte einen Eimerhut auf, eine vitaminreiche Möhrennase im Gesicht und zwei Kohlenstücke als Augen.

»Gestatten, Celsius mein Name«, stellte er sich vor. »Bin ich hier richtig beim Ritter Rost?«
»Und ob«, kam es zurück. »Ich bin der schönste und der klügste und der stärkste Ritter auf der ganzen Welt. Aber machen Sie doch bitte noch schnell die Tür zu.«
»Die Tür ist schon zu«, sagte Koks der Hausdrache.
»Es ist der Herr Schneemann, der so kalt ist.«

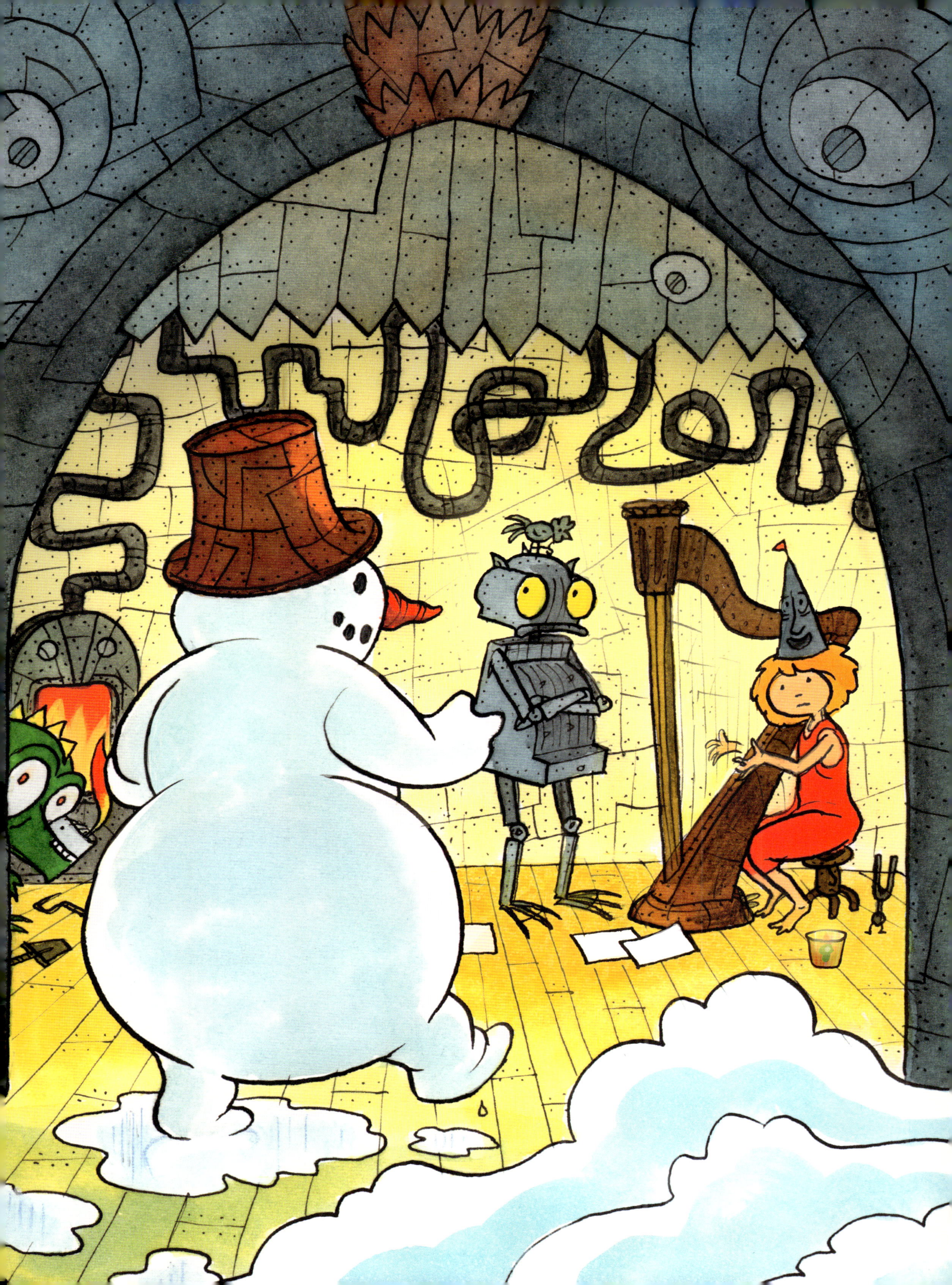

Wenn man es im Winter gemütlich haben möchte, kann man sich ein **Winterlicht** basteln. Man nehme dazu ein größeres Glas (z. B. ein Einmachglas), Tapetenkleister und farbiges Transparentpapier.

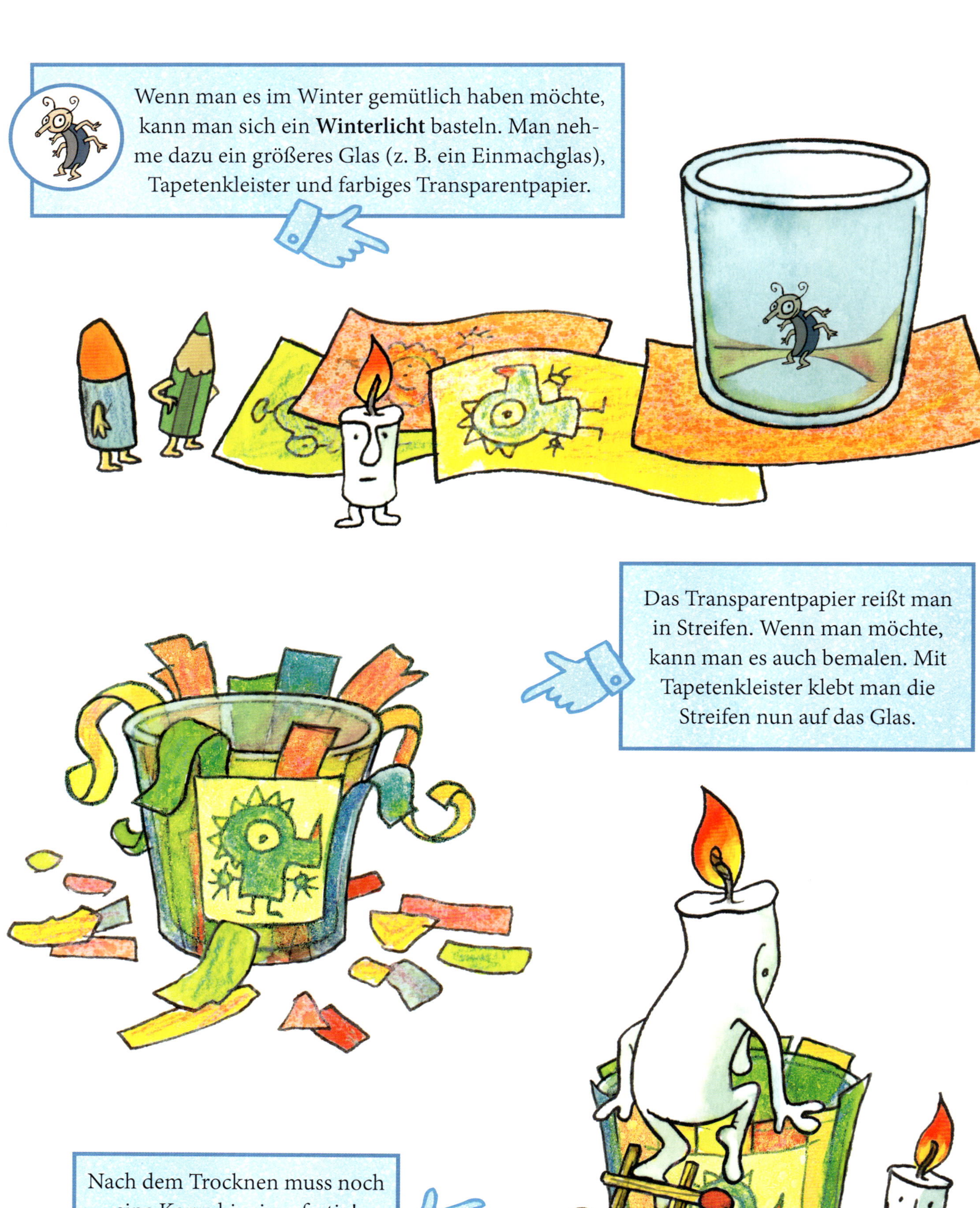

Das Transparentpapier reißt man in Streifen. Wenn man möchte, kann man es auch bemalen. Mit Tapetenkleister klebt man die Streifen nun auf das Glas.

Nach dem Trocknen muss noch eine Kerze hinein – fertig!

Nur ein bisschen warten

Text: Hilbert / Musik: Janosa

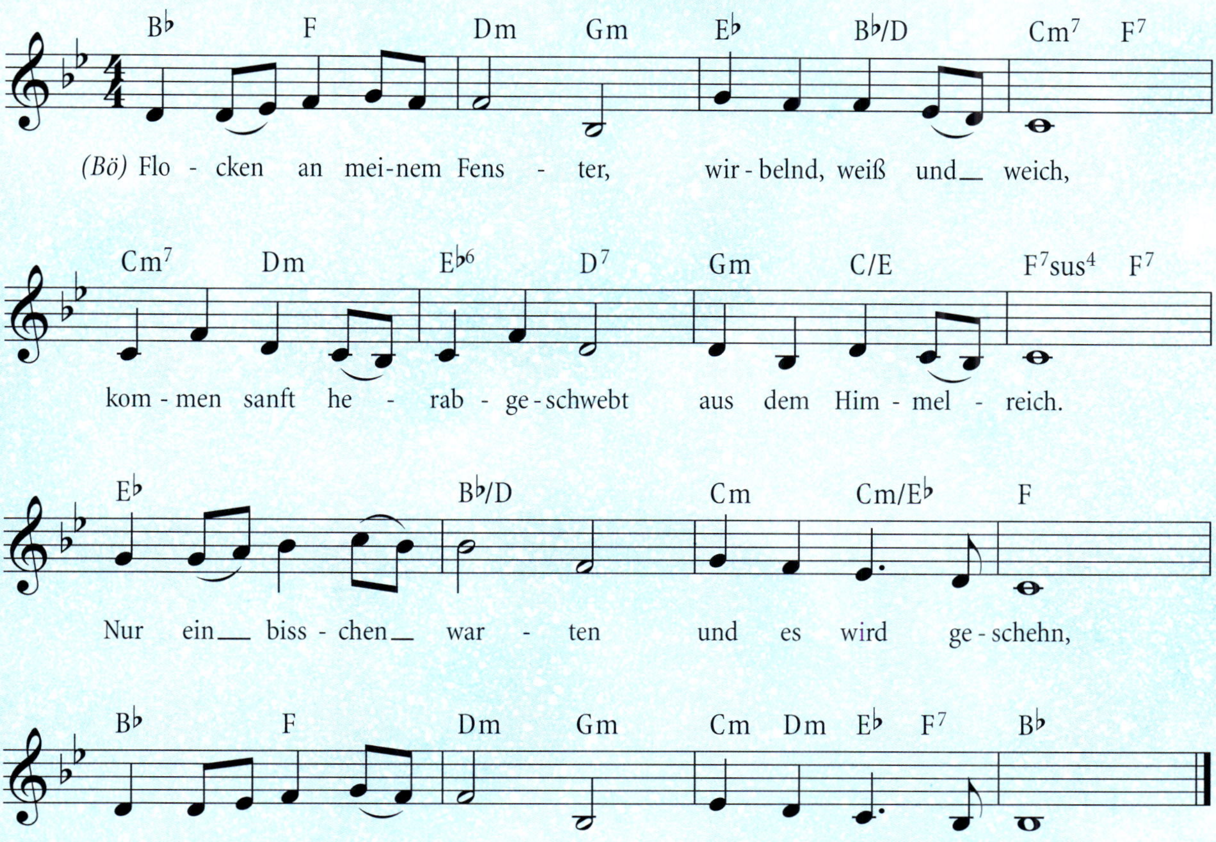

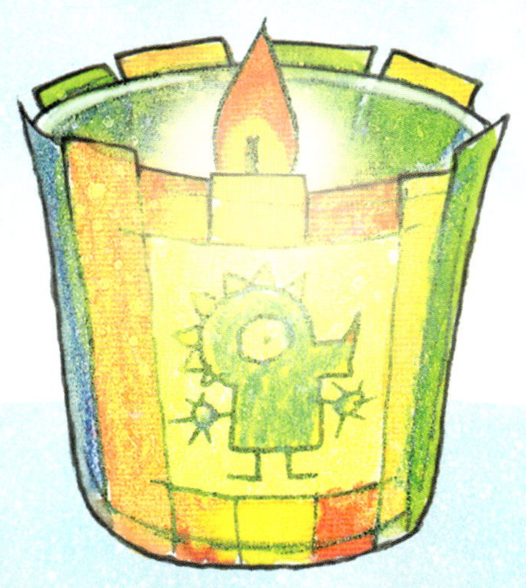

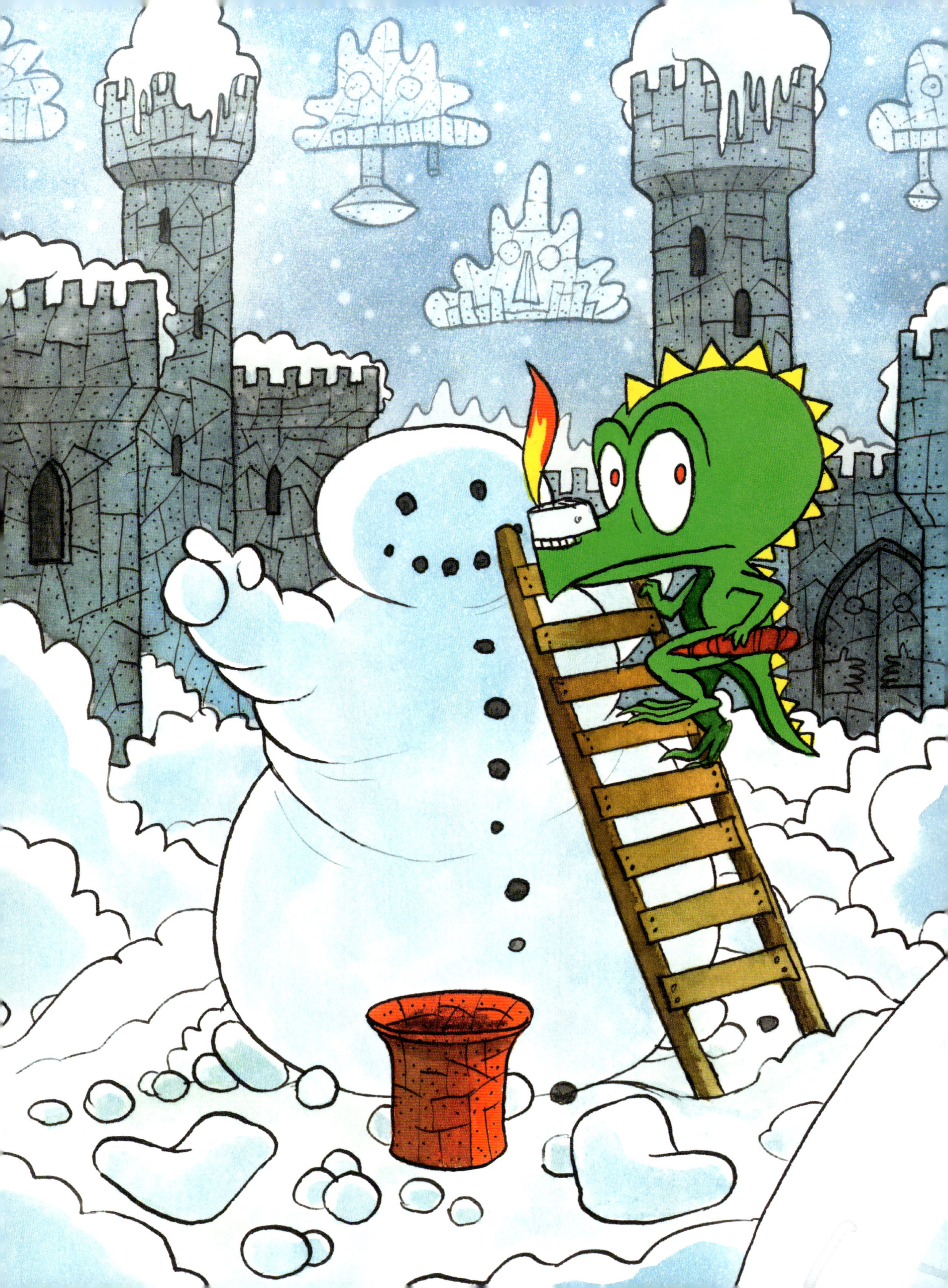

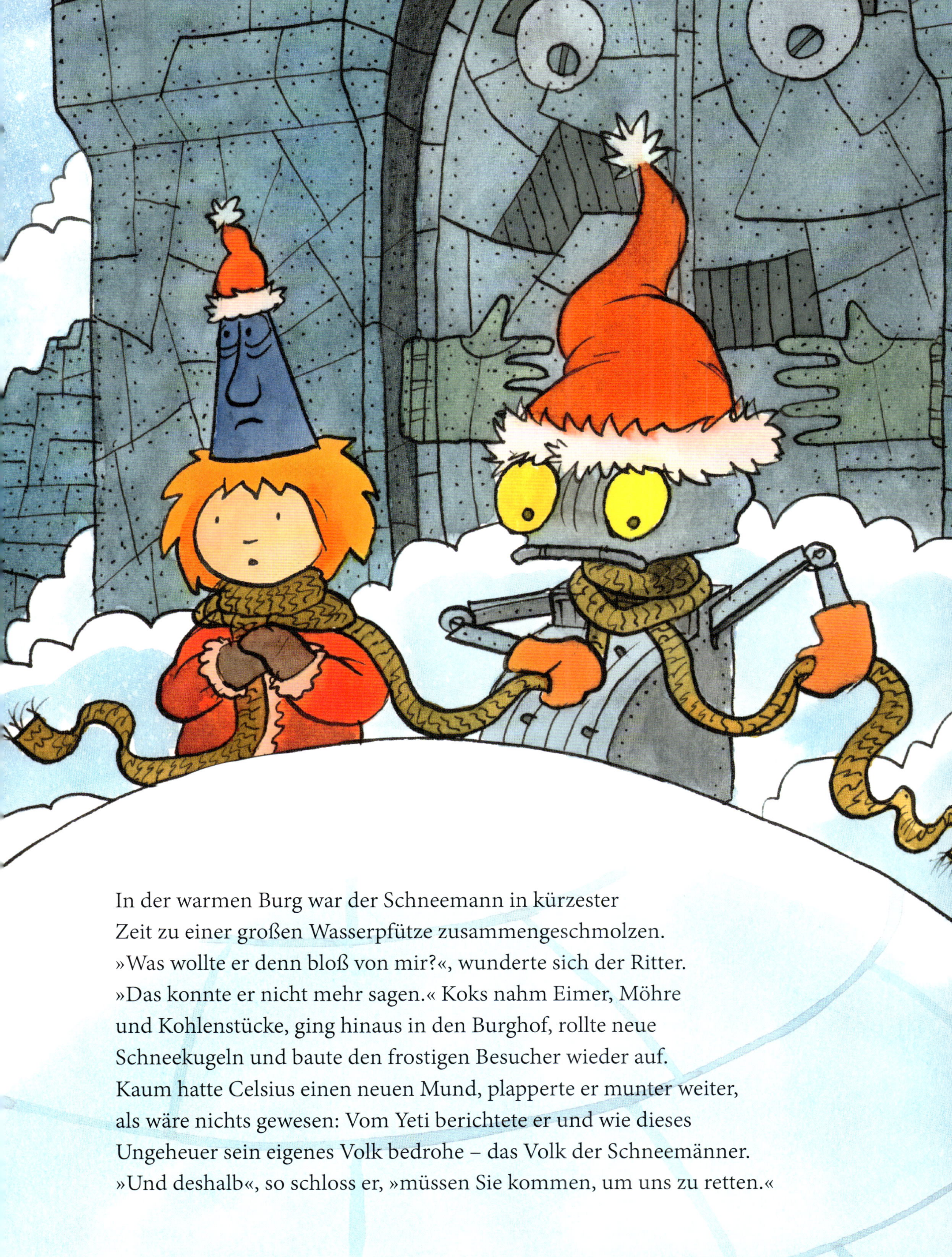

In der warmen Burg war der Schneemann in kürzester Zeit zu einer großen Wasserpfütze zusammengeschmolzen. »Was wollte er denn bloß von mir?«, wunderte sich der Ritter. »Das konnte er nicht mehr sagen.« Koks nahm Eimer, Möhre und Kohlenstücke, ging hinaus in den Burghof, rollte neue Schneekugeln und baute den frostigen Besucher wieder auf. Kaum hatte Celsius einen neuen Mund, plapperte er munter weiter, als wäre nichts gewesen: Vom Yeti berichtete er und wie dieses Ungeheuer sein eigenes Volk bedrohe – das Volk der Schneemänner. »Und deshalb«, so schloss er, »müssen Sie kommen, um uns zu retten.«

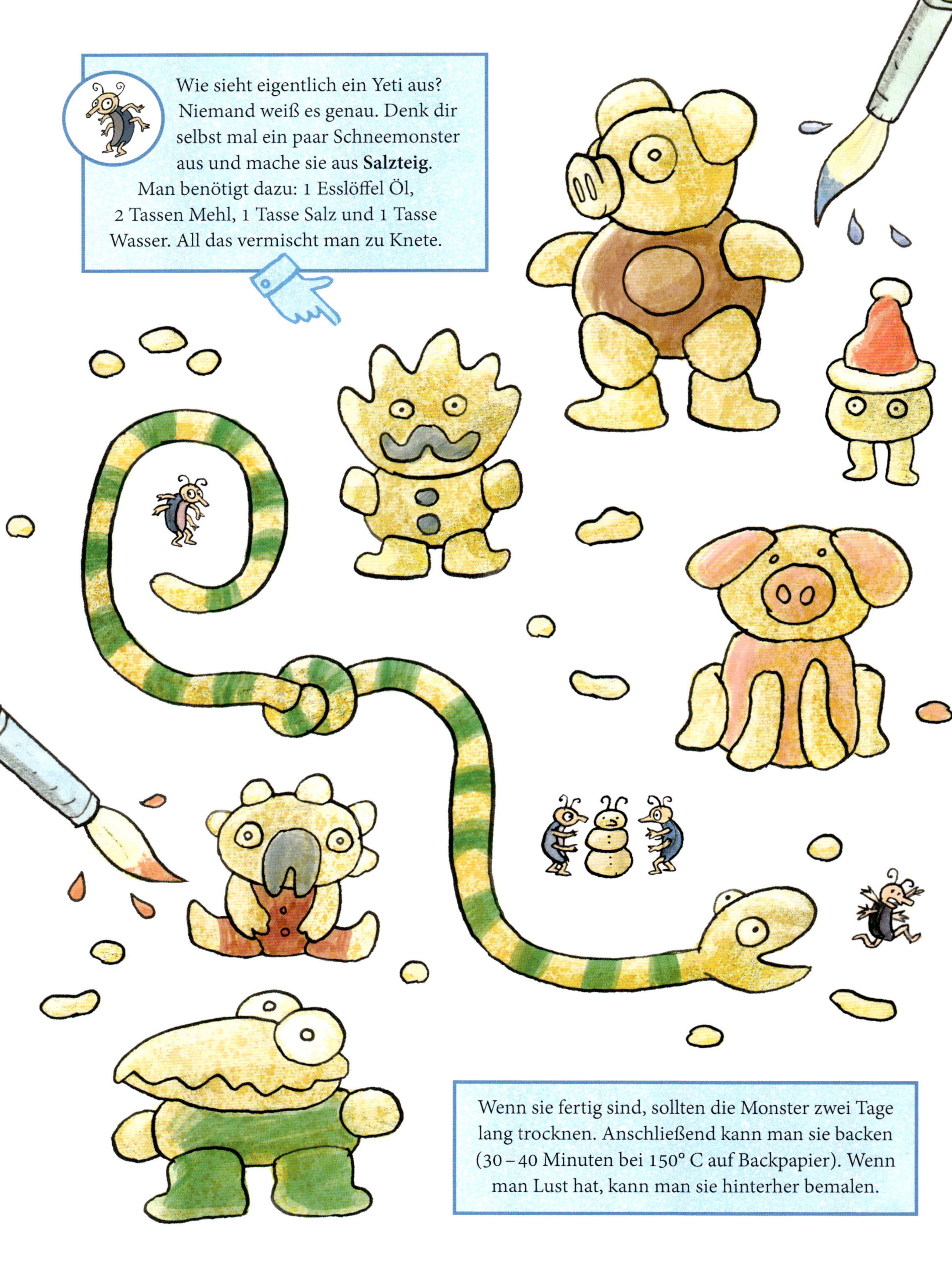
Wie sieht eigentlich ein Yeti aus? Niemand weiß es genau. Denk dir selbst mal ein paar Schneemonster aus und mache sie aus **Salzteig**. Man benötigt dazu: 1 Esslöffel Öl, 2 Tassen Mehl, 1 Tasse Salz und 1 Tasse Wasser. All das vermischt man zu Knete.
Wenn sie fertig sind, sollten die Monster zwei Tage lang trocknen. Anschließend kann man sie backen (30 – 40 Minuten bei 150° C auf Backpapier). Wenn man Lust hat, kann man sie hinterher bemalen.

Oje, oje, o Yeti!

Text: Hilbert, Janosa / Musik: Janosa

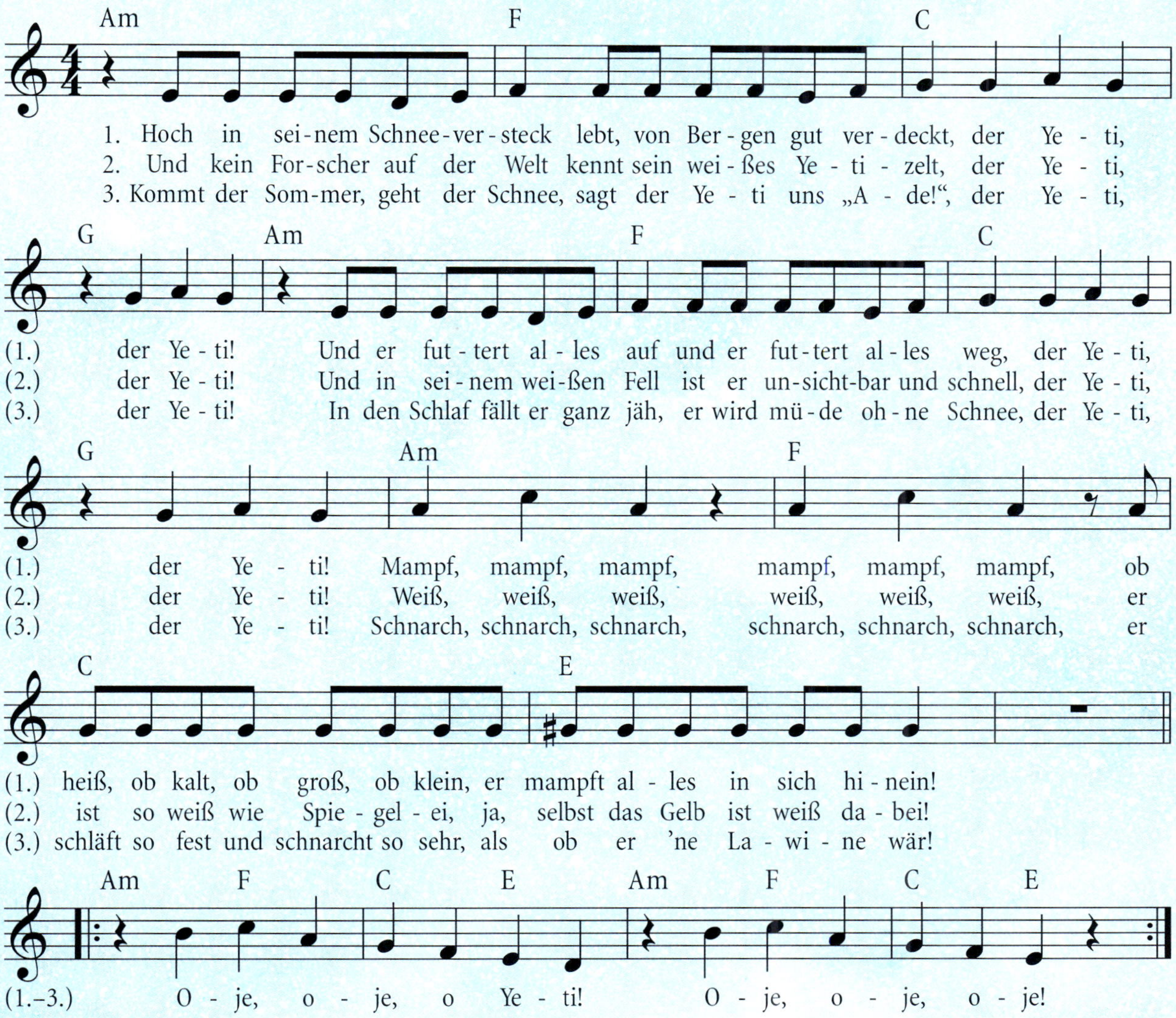

Am F C

1. Hoch in sei-nem Schnee-ver-steck lebt, von Ber-gen gut ver-deckt, der Ye - ti,
2. Und kein For-scher auf der Welt kennt sein wei-ßes Ye - ti - zelt, der Ye - ti,
3. Kommt der Som-mer, geht der Schnee, sagt der Ye - ti uns „A - de!“, der Ye - ti,

G Am F C

(1.) der Ye - ti! Und er fut-tert al-les auf und er fut-tert al-les weg, der Ye - ti,
(2.) der Ye - ti! Und in sei-nem wei-ßen Fell ist er un-sicht-bar und schnell, der Ye - ti,
(3.) der Ye - ti! In den Schlaf fällt er ganz jäh, er wird mü-de oh-ne Schnee, der Ye - ti,

G Am F

(1.) der Ye - ti! Mampf, mampf, mampf, mampf, mampf, mampf, ob
(2.) der Ye - ti! Weiß, weiß, weiß, weiß, weiß, weiß, er
(3.) der Ye - ti! Schnarch, schnarch, schnarch, schnarch, schnarch, schnarch, er

C E

(1.) heiß, ob kalt, ob groß, ob klein, er mampft al - les in sich hi - nein!
(2.) ist so weiß wie Spie - gel - ei, ja, selbst das Gelb ist weiß da - bei!
(3.) schläft so fest und schnarcht so sehr, als ob er ’ne La - wi - ne wär!

Am F C E Am F C E

(1.–3.) O - je, o - je, o Ye - ti! O - je, o - je, o - je!

nach 3. Strophe letzte Zeile 4 x wiederholen

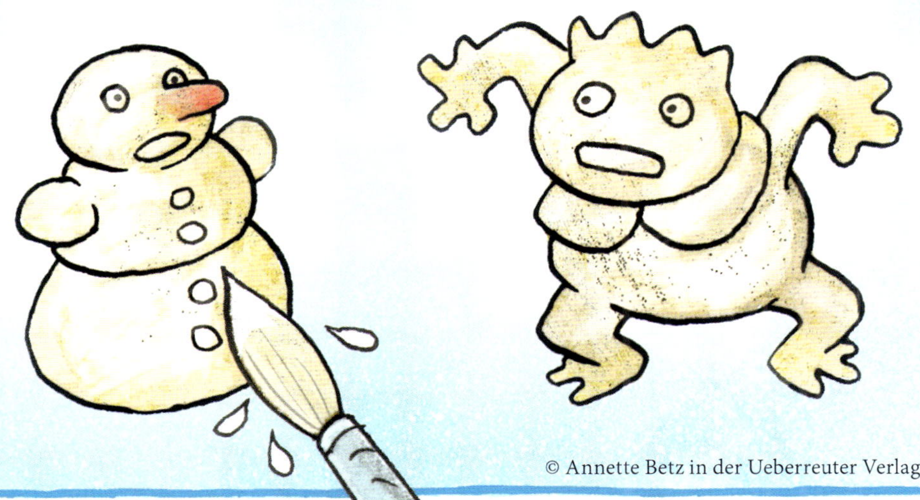

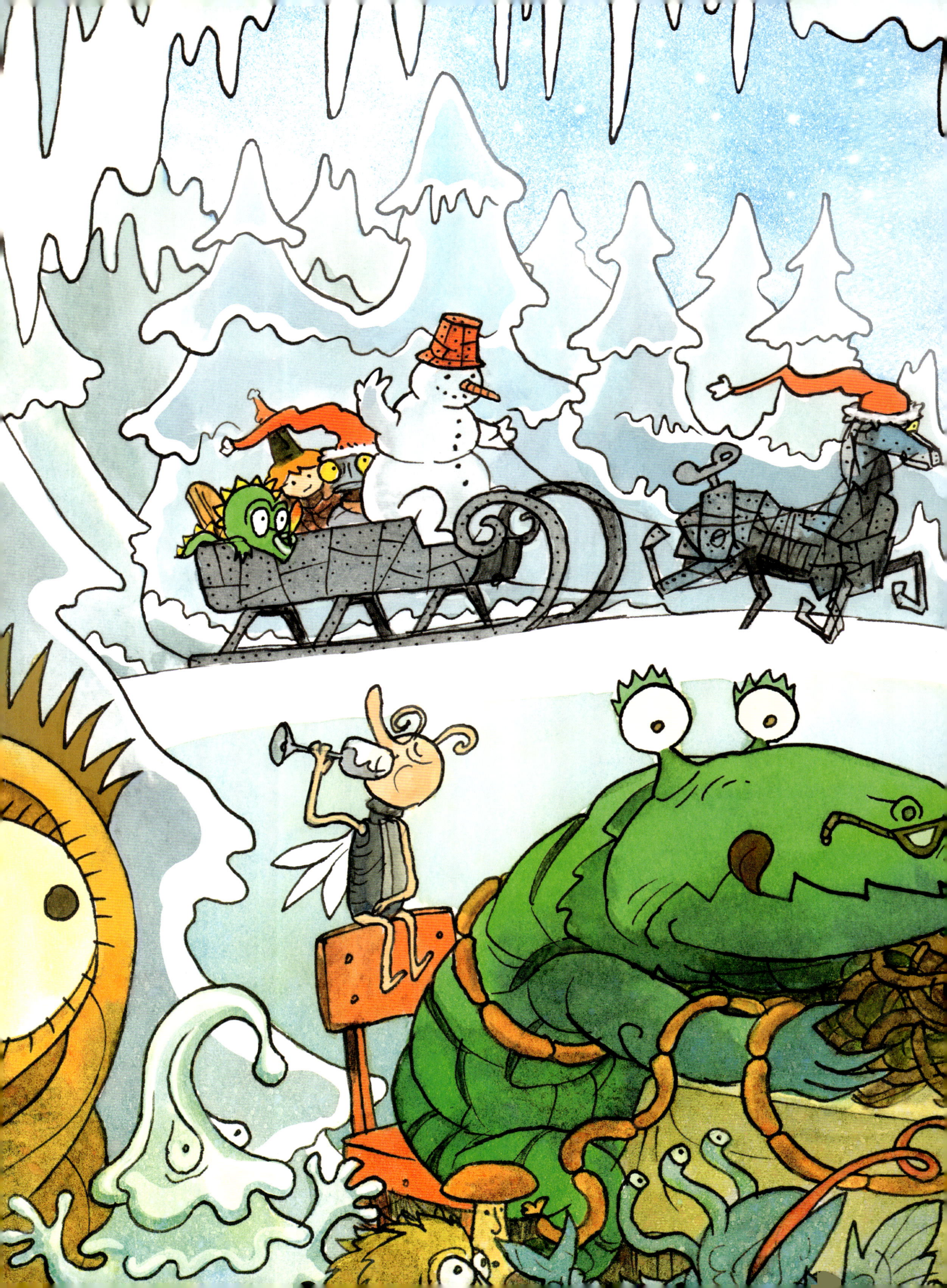

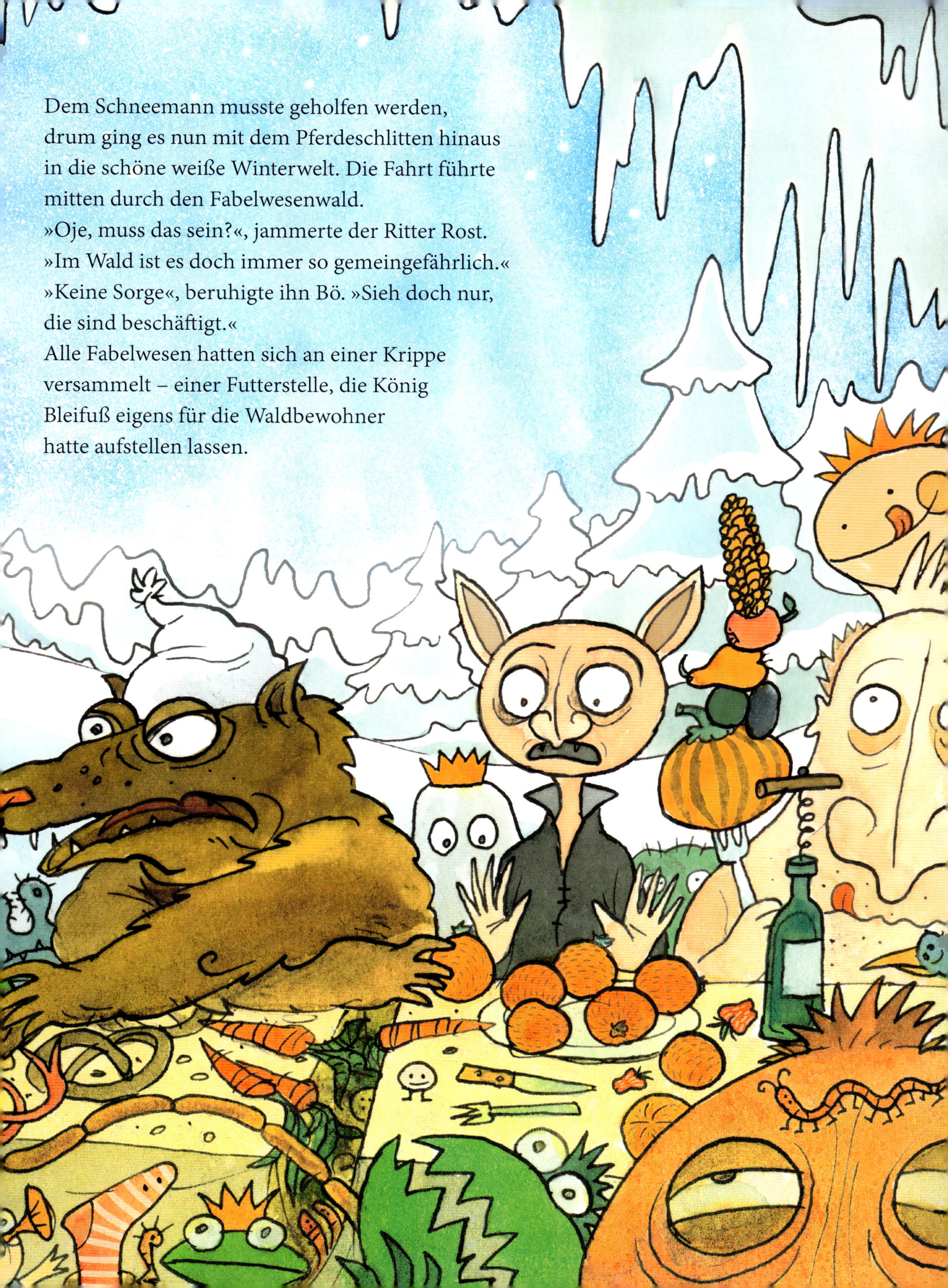

Dem Schneemann musste geholfen werden, drum ging es nun mit dem Pferdeschlitten hinaus in die schöne weiße Winterwelt. Die Fahrt führte mitten durch den Fabelwesenwald.

»Oje, muss das sein?«, jammerte der Ritter Rost. »Im Wald ist es doch immer so gemeingefährlich.«

»Keine Sorge«, beruhigte ihn Bö. »Sieh doch nur, die sind beschäftigt.«

Alle Fabelwesen hatten sich an einer Krippe versammelt – einer Futterstelle, die König Bleifuß eigens für die Waldbewohner hatte aufstellen lassen.

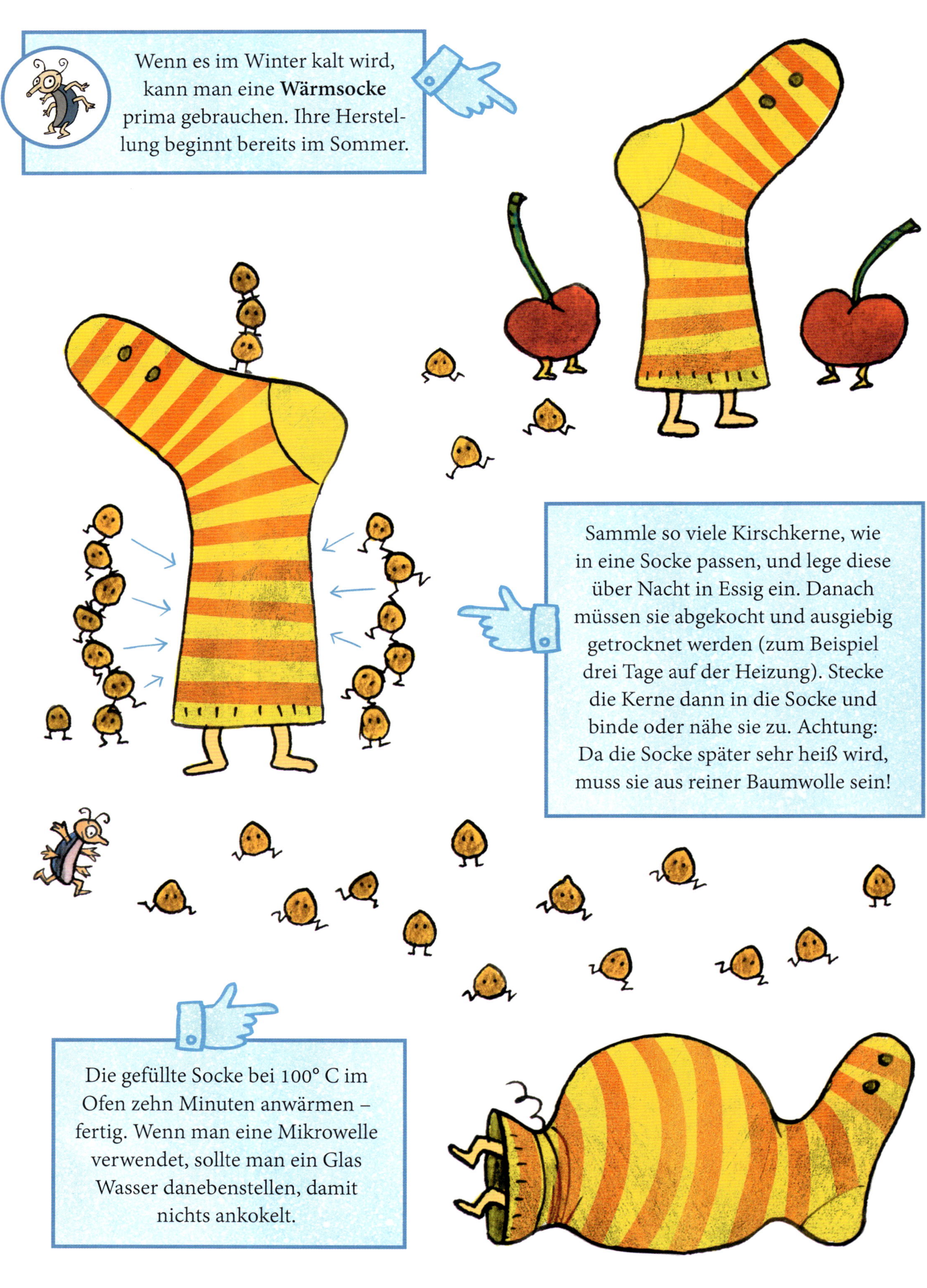

Wenn es im Winter kalt wird, kann man eine **Wärmsocke** prima gebrauchen. Ihre Herstellung beginnt bereits im Sommer.

Sammle so viele Kirschkerne, wie in eine Socke passen, und lege diese über Nacht in Essig ein. Danach müssen sie abgekocht und ausgiebig getrocknet werden (zum Beispiel drei Tage auf der Heizung). Stecke die Kerne dann in die Socke und binde oder nähe sie zu. Achtung: Da die Socke später sehr heiß wird, muss sie aus reiner Baumwolle sein!

Die gefüllte Socke bei 100° C im Ofen zehn Minuten anwärmen – fertig. Wenn man eine Mikrowelle verwendet, sollte man ein Glas Wasser danebenstellen, damit nichts ankokelt.

Geliebter Feuerstuhl

Text: Hilbert / Musik: Janosa

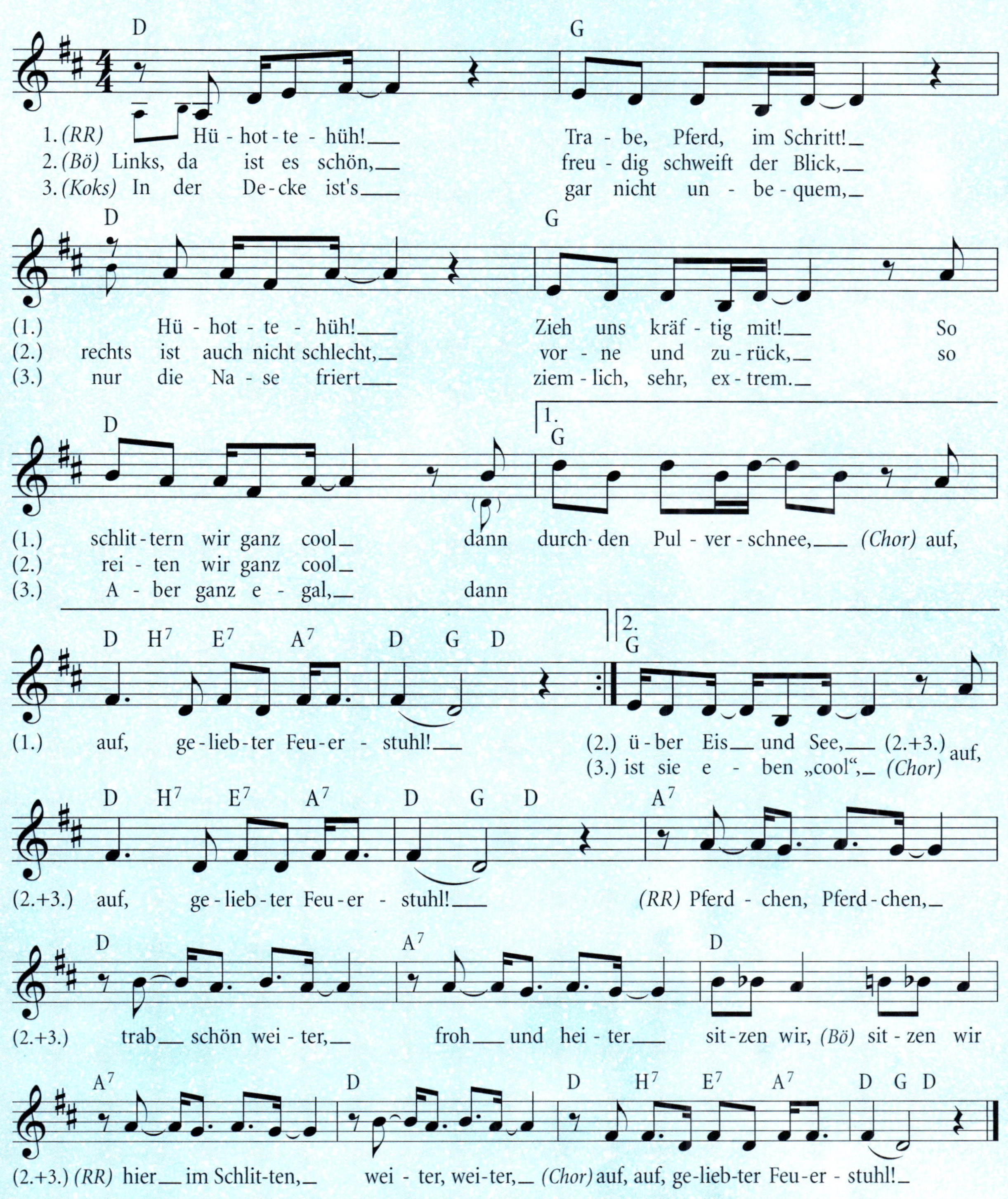

nach 3. Strophe die letzten beiden Takte mehrmals wiederholen

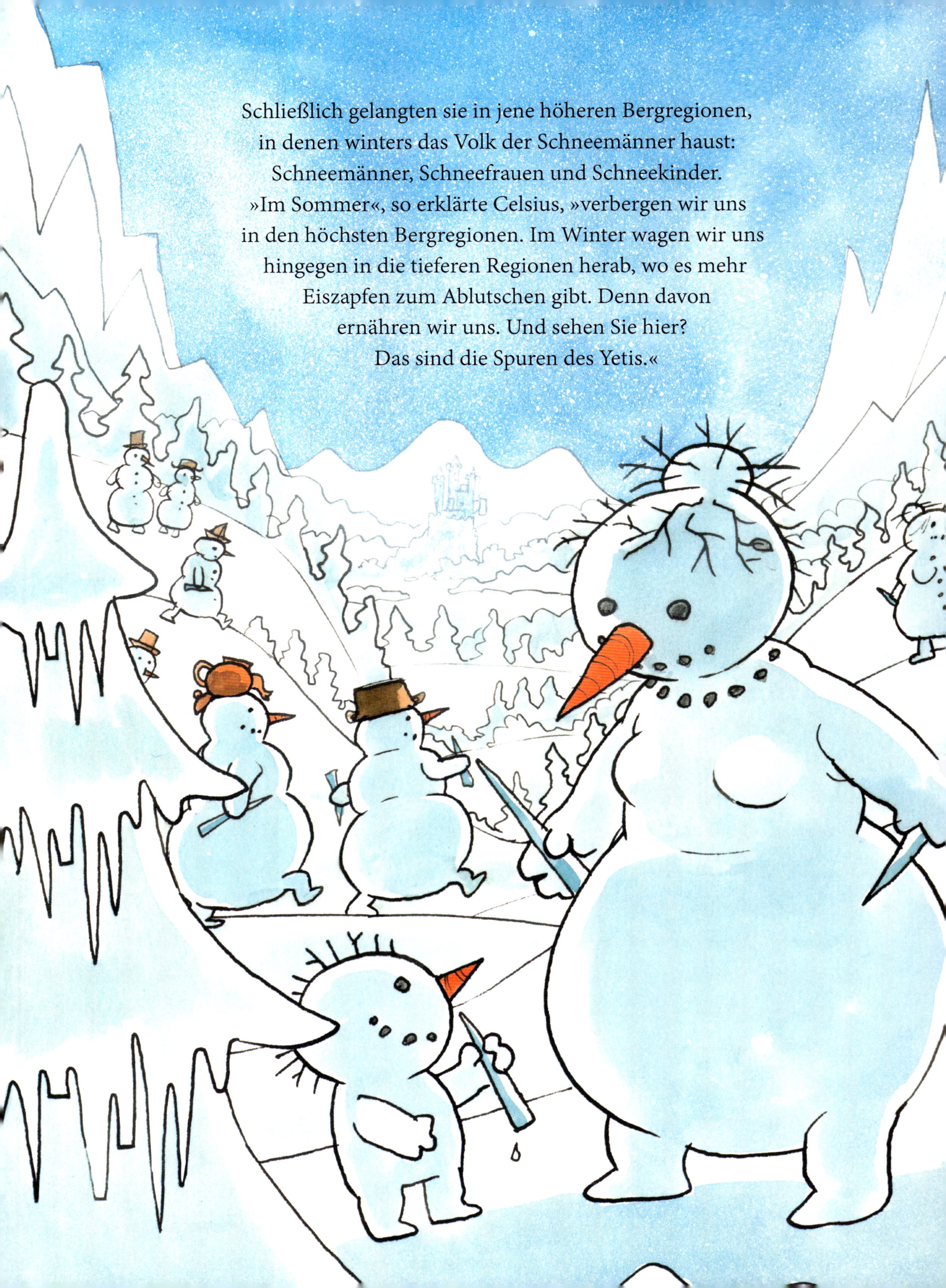

Schließlich gelangten sie in jene höheren Bergregionen, in denen winters das Volk der Schneemänner haust: Schneemänner, Schneefrauen und Schneekinder. »Im Sommer«, so erklärte Celsius, »verbergen wir uns in den höchsten Bergregionen. Im Winter wagen wir uns hingegen in die tieferen Regionen herab, wo es mehr Eiszapfen zum Ablutschen gibt. Denn davon ernähren wir uns. Und sehen Sie hier? Das sind die Spuren des Yetis.«

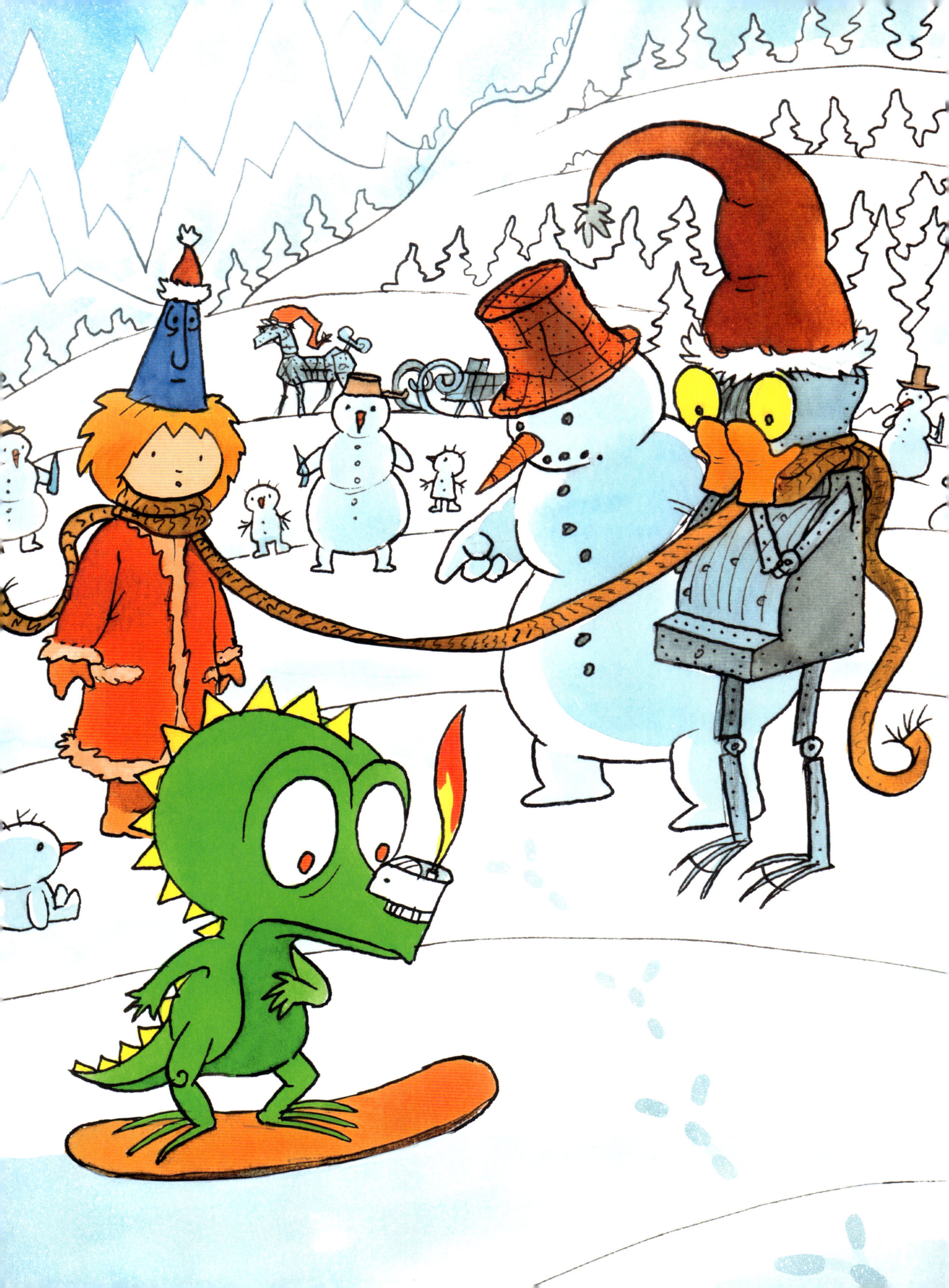

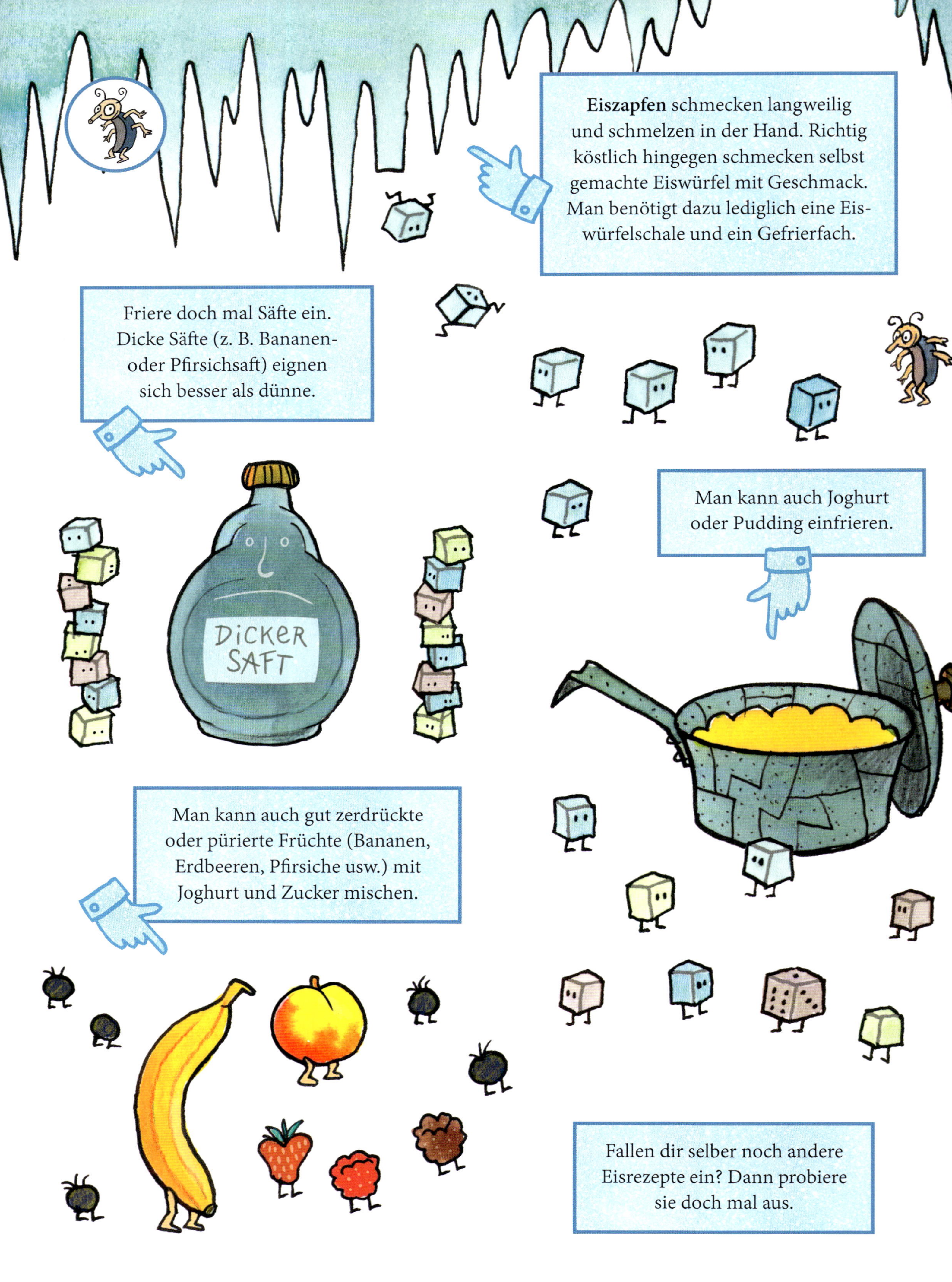
Eiszapfen schmecken langweilig und schmelzen in der Hand. Richtig köstlich hingegen schmecken selbst gemachte Eiswürfel mit Geschmack. Man benötigt dazu lediglich eine Eiswürfelschale und ein Gefrierfach.
Friere doch mal Säfte ein. Dicke Säfte (z. B. Bananen- oder Pfirsichsaft) eignen sich besser als dünne.
DICKER SAFT
Man kann auch Joghurt oder Pudding einfrieren.
Man kann auch gut zerdrückte oder pürierte Früchte (Bananen, Erdbeeren, Pfirsiche usw.) mit Joghurt und Zucker mischen.
Fallen dir selber noch andere Eisrezepte ein? Dann probiere sie doch mal aus.

Guten Appetit, Herr Schneemann!

Text: Hilbert / Musik: Janosa

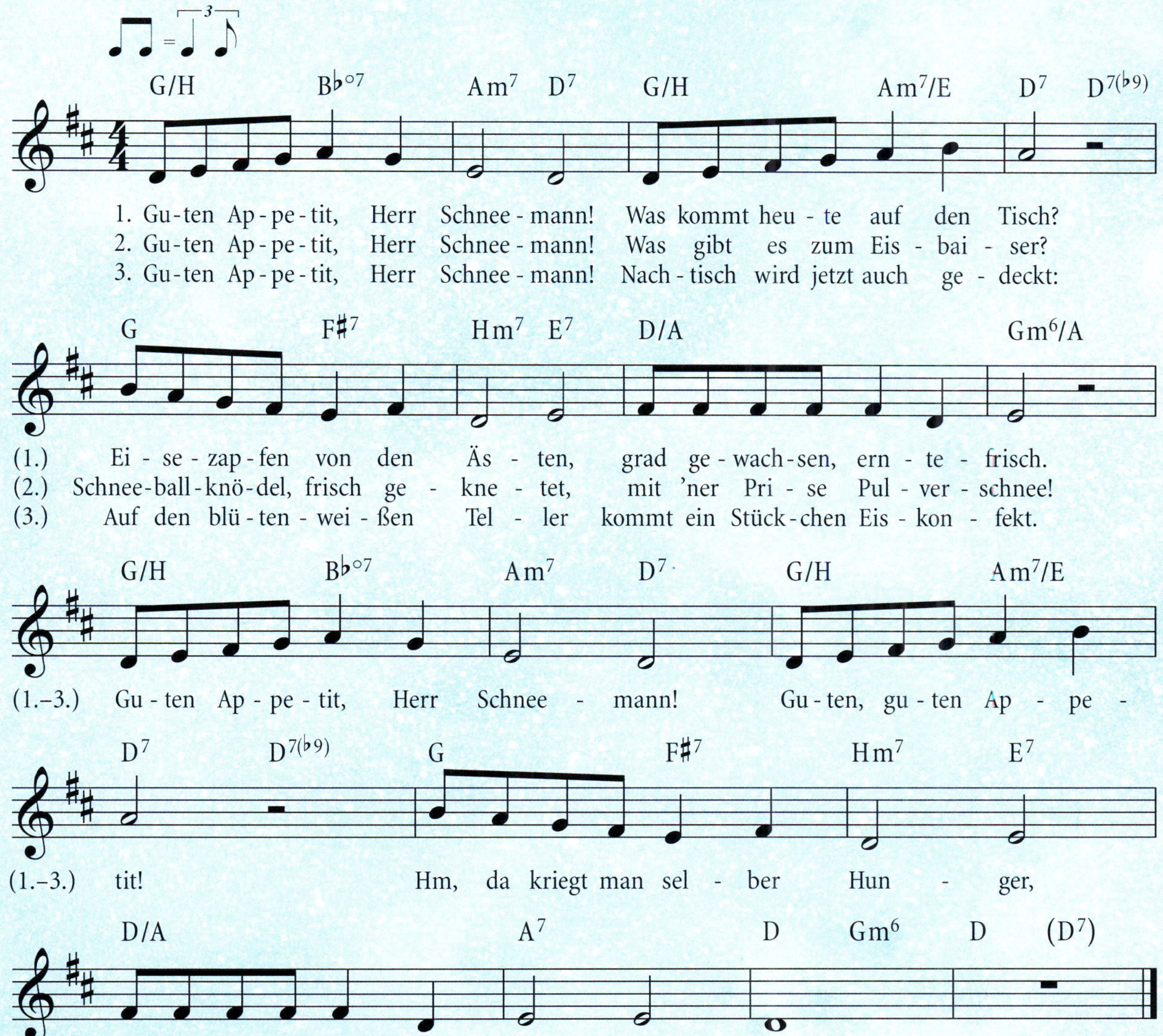

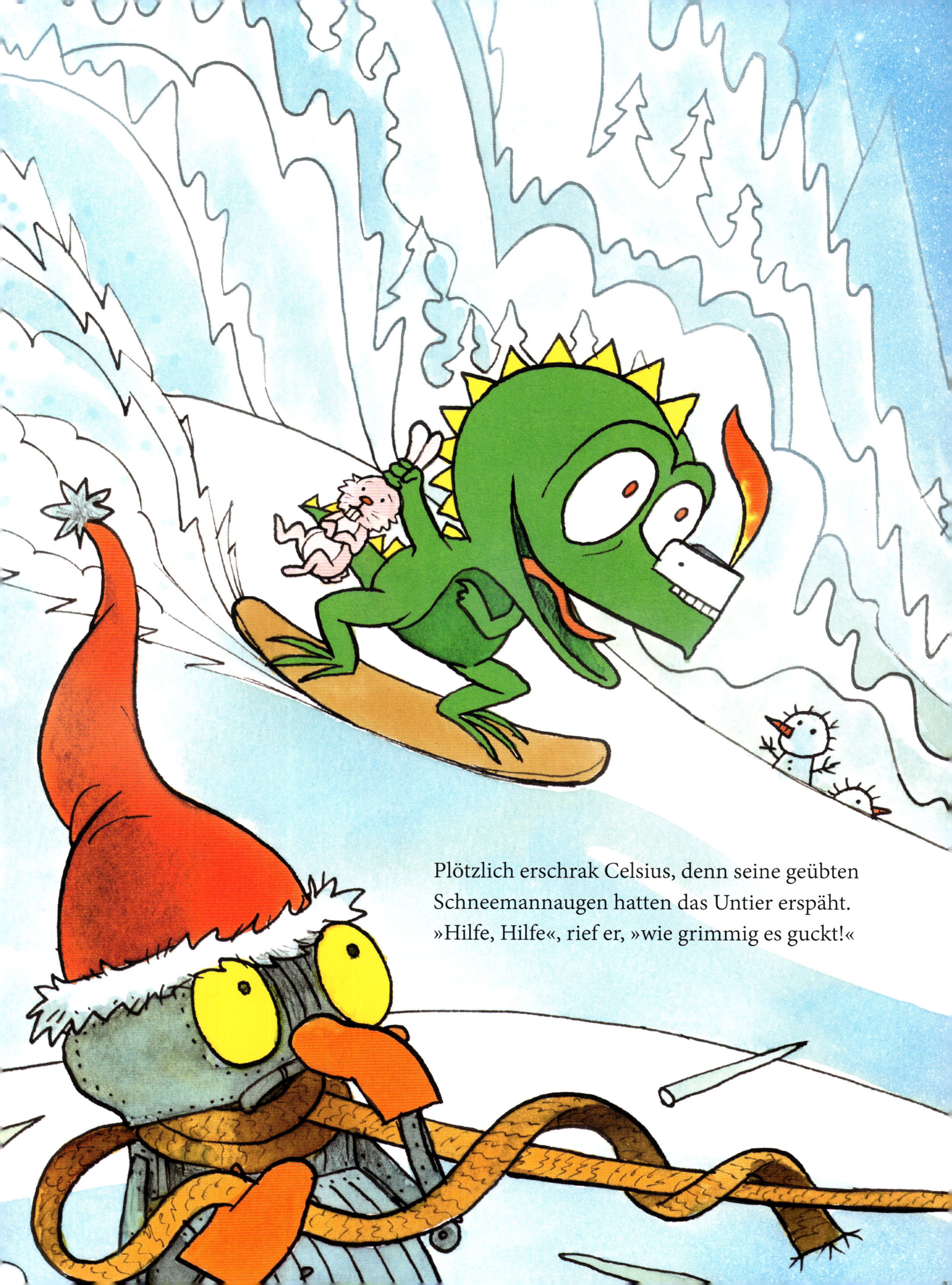

Plötzlich erschrak Celsius, denn seine geübten Schneemannaugen hatten das Untier erspäht. »Hilfe, Hilfe«, rief er, »wie grimmig es guckt!«

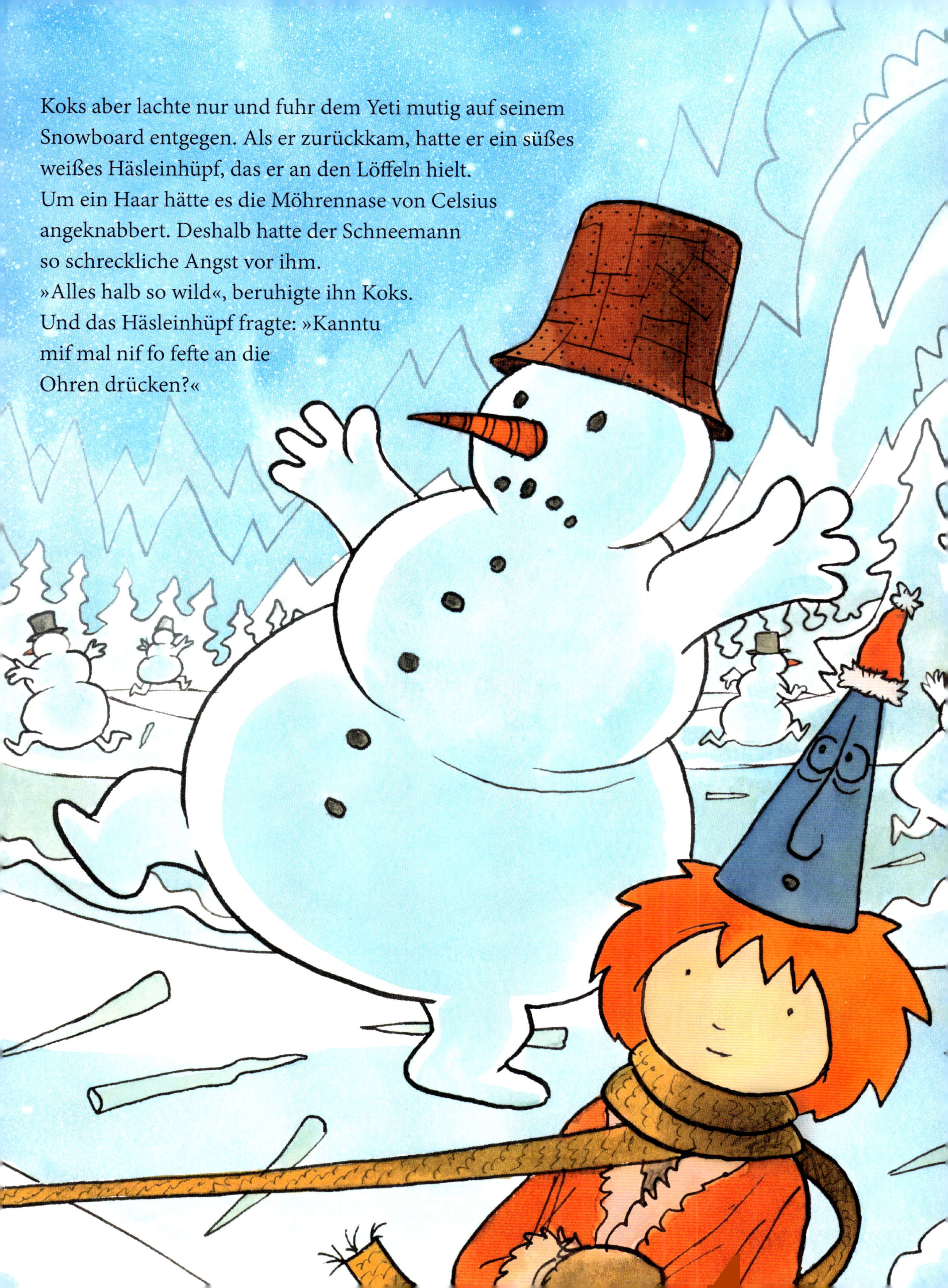

Koks aber lachte nur und fuhr dem Yeti mutig auf seinem Snowboard entgegen. Als er zurückkam, hatte er ein süßes weißes Häsleinhüpf, das er an den Löffeln hielt. Um ein Haar hätte es die Möhrennase von Celsius angeknabbert. Deshalb hatte der Schneemann so schreckliche Angst vor ihm.

»Alles halb so wild«, beruhigte ihn Koks.

Und das Häsleinhüpf fragte: »Kanntu mif mal nif fo fefte an die Ohren drücken?«

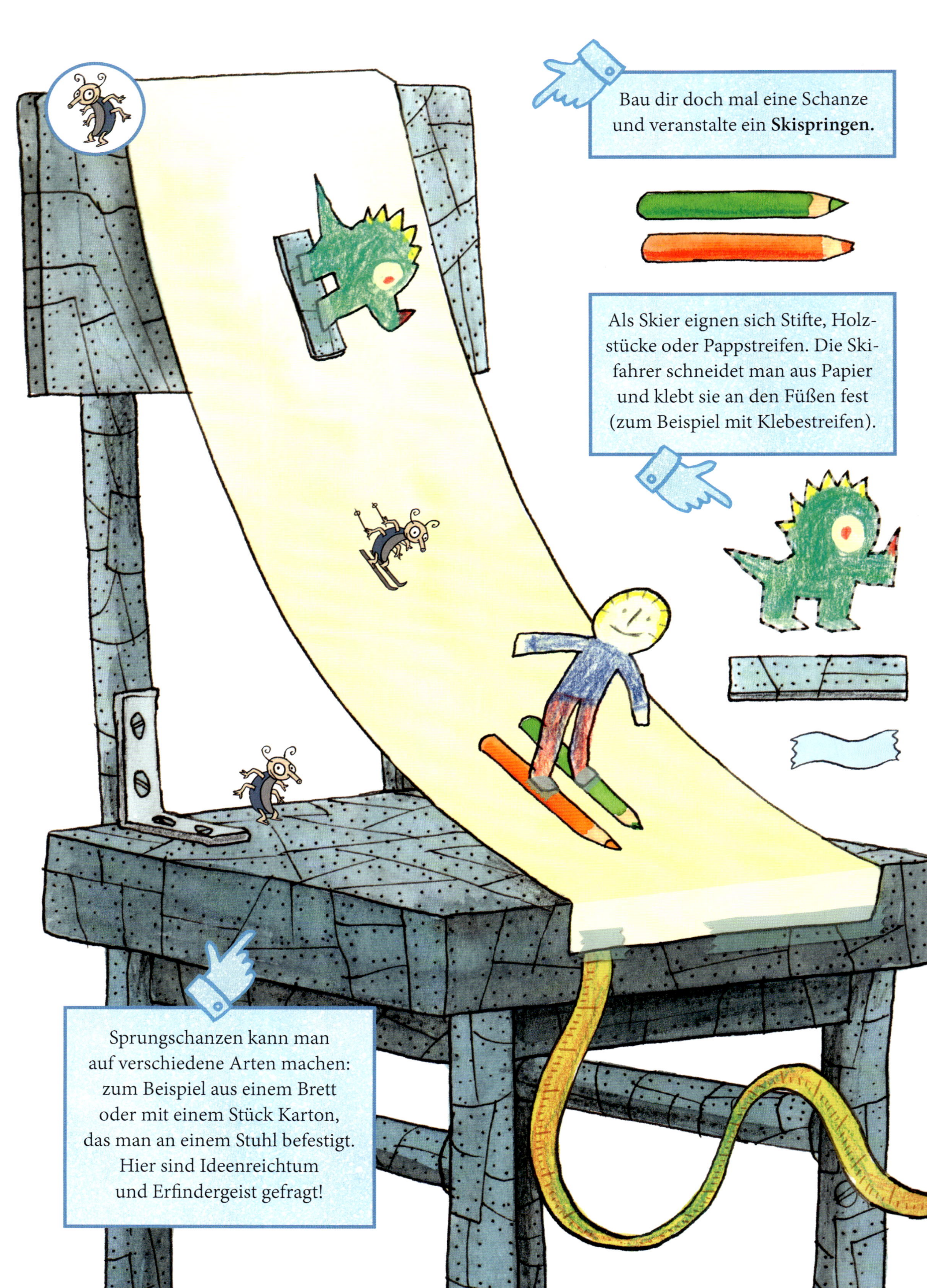
Bau dir doch mal eine Schanze
und veranstalte ein **Skispringen.**
Als Skier eignen sich Stifte, Holz-
stücke oder Pappstreifen. Die Ski-
fahrer schneidet man aus Papier
und klebt sie an den Füßen fest
(zum Beispiel mit Klebestreifen).
Sprungschanzen kann man
auf verschiedene Arten machen:
zum Beispiel aus einem Brett
oder mit einem Stück Karton,
das man an einem Stuhl befestigt.
Hier sind Ideenreichtum
und Erfindergeist gefragt!

Deine kleine Möhrennase

Text: Hilbert / Musik: Janosa

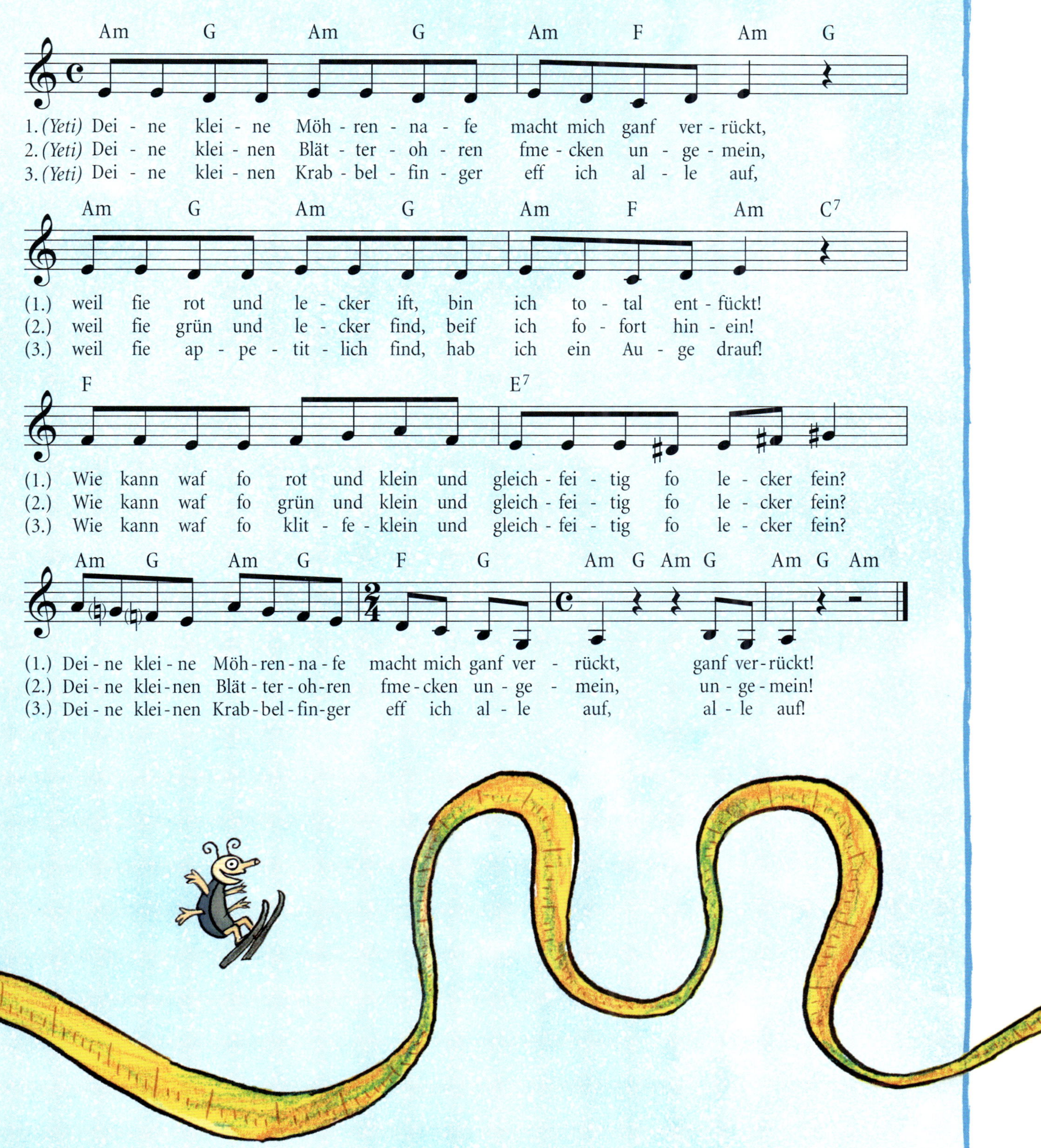

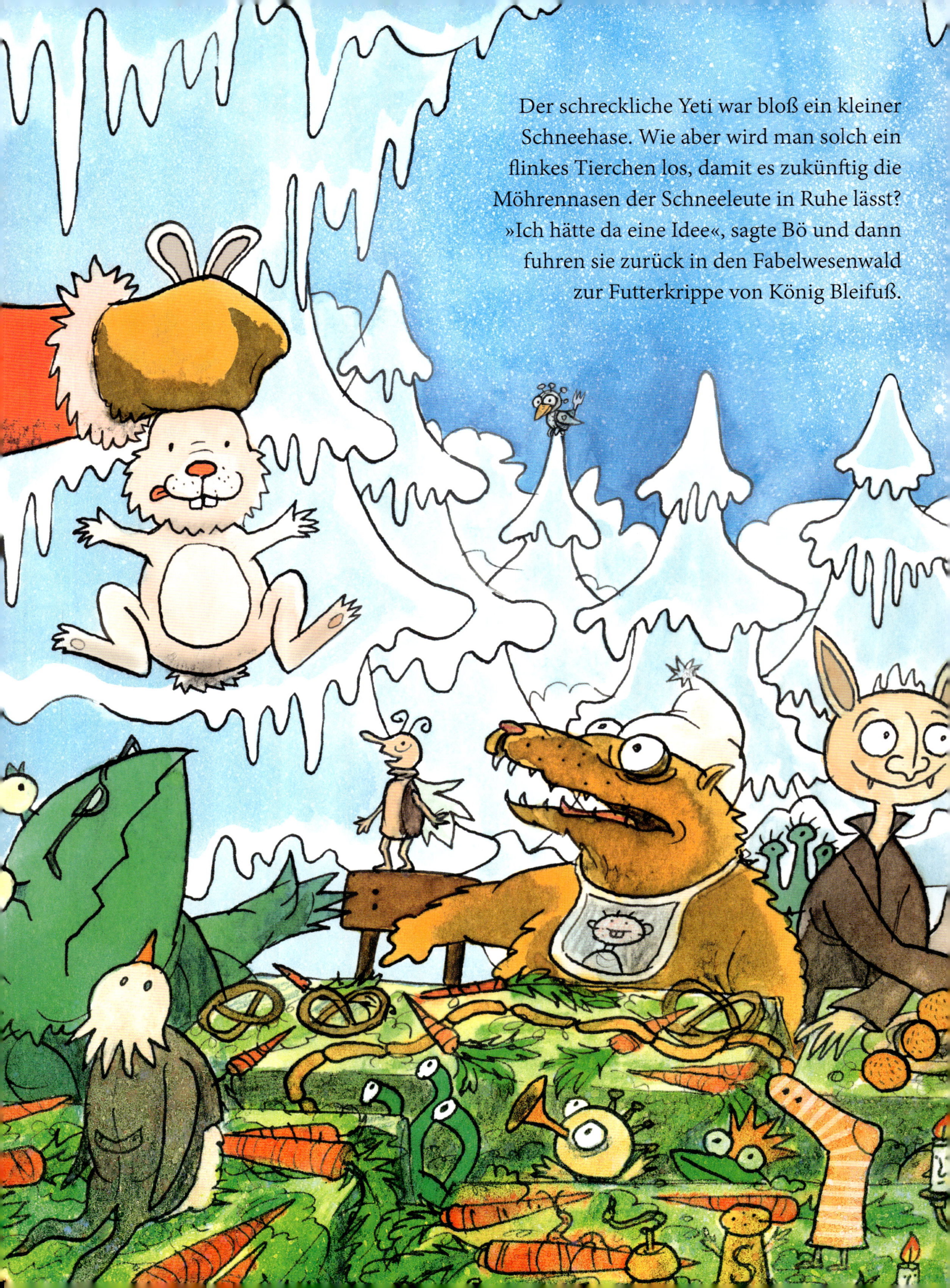

Der schreckliche Yeti war bloß ein kleiner Schneehase. Wie aber wird man solch ein flinkes Tierchen los, damit es zukünftig die Möhrennasen der Schneeleute in Ruhe lässt? »Ich hätte da eine Idee«, sagte Bö und dann fuhren sie zurück in den Fabelwesenwald zur Futterkrippe von König Bleifuß.

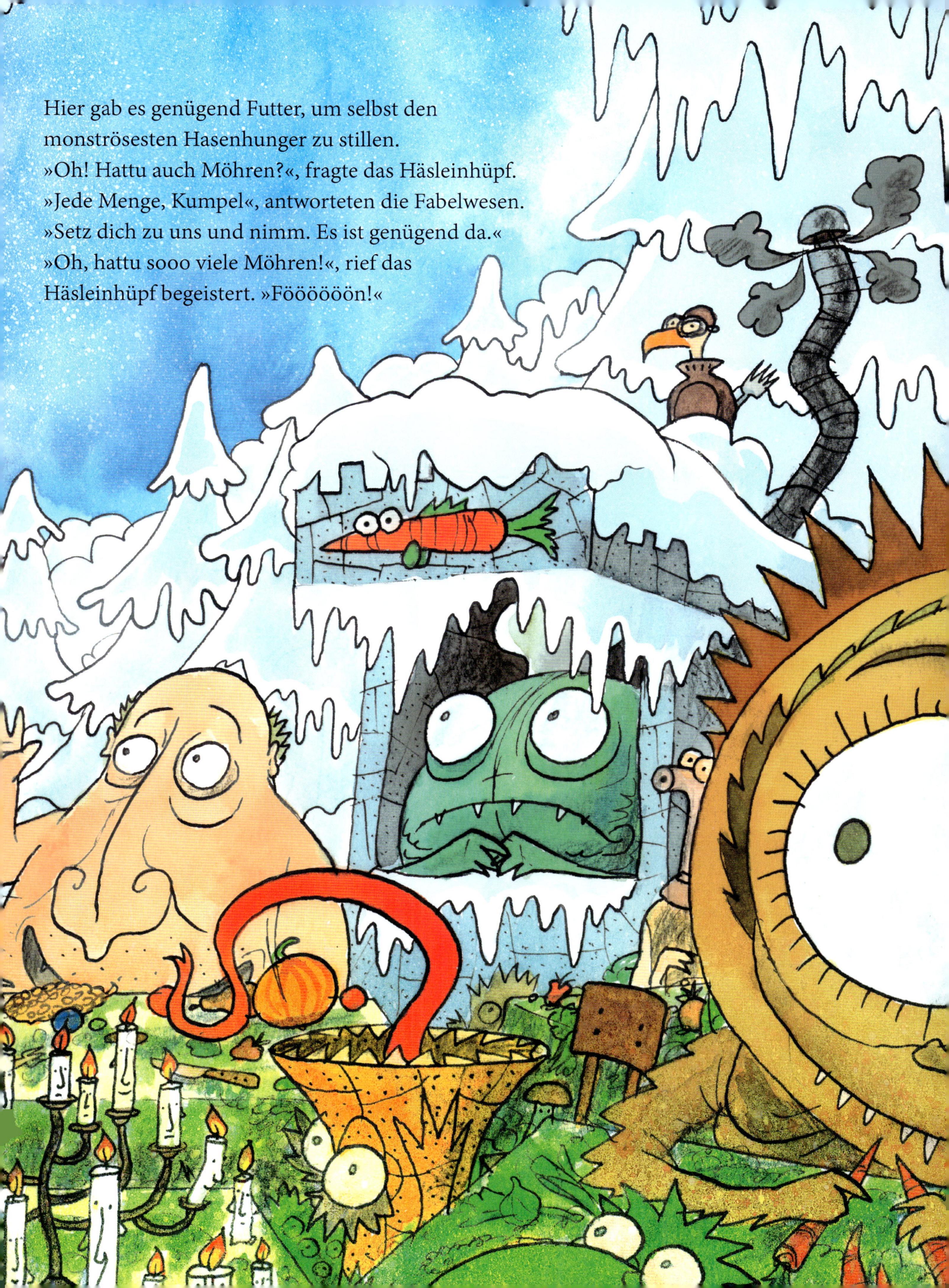

Hier gab es genügend Futter, um selbst den monströsesten Hasenhunger zu stillen.
»Oh! Hattu auch Möhren?«, fragte das Häsleinhüpf.
»Jede Menge, Kumpel«, antworteten die Fabelwesen.
»Setz dich zu uns und nimm. Es ist genügend da.«
»Oh, hattu sooo viele Möhren!«, rief das Häsleinhüpf begeistert. »Föööööön!«

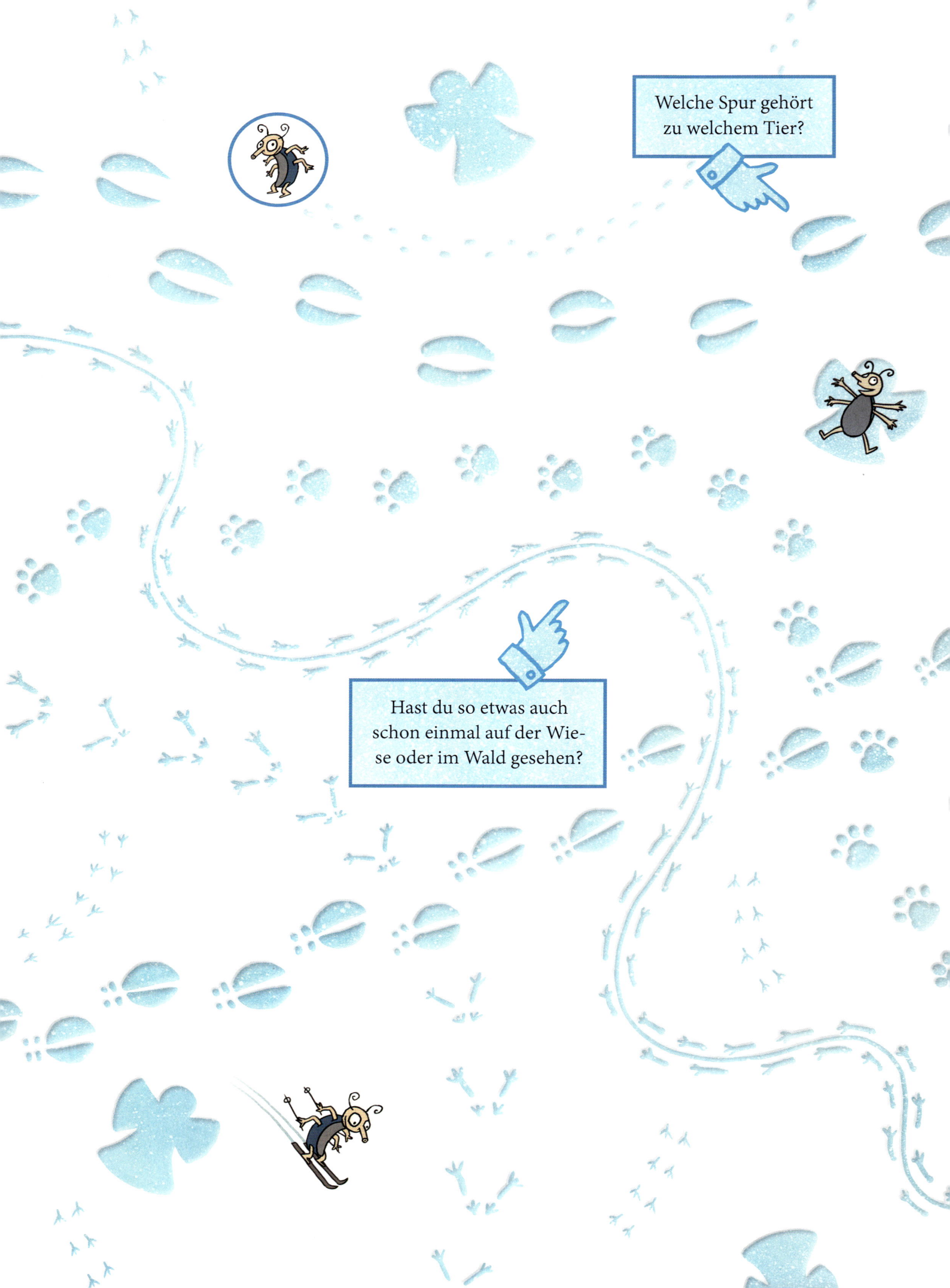

Welche Spur gehört
zu welchem Tier?
Hast du so etwas auch
schon einmal auf der Wie-
se oder im Wald gesehen?

Wär da noch ein Platz für mich?

Text: Hilbert / Musik: Janosa

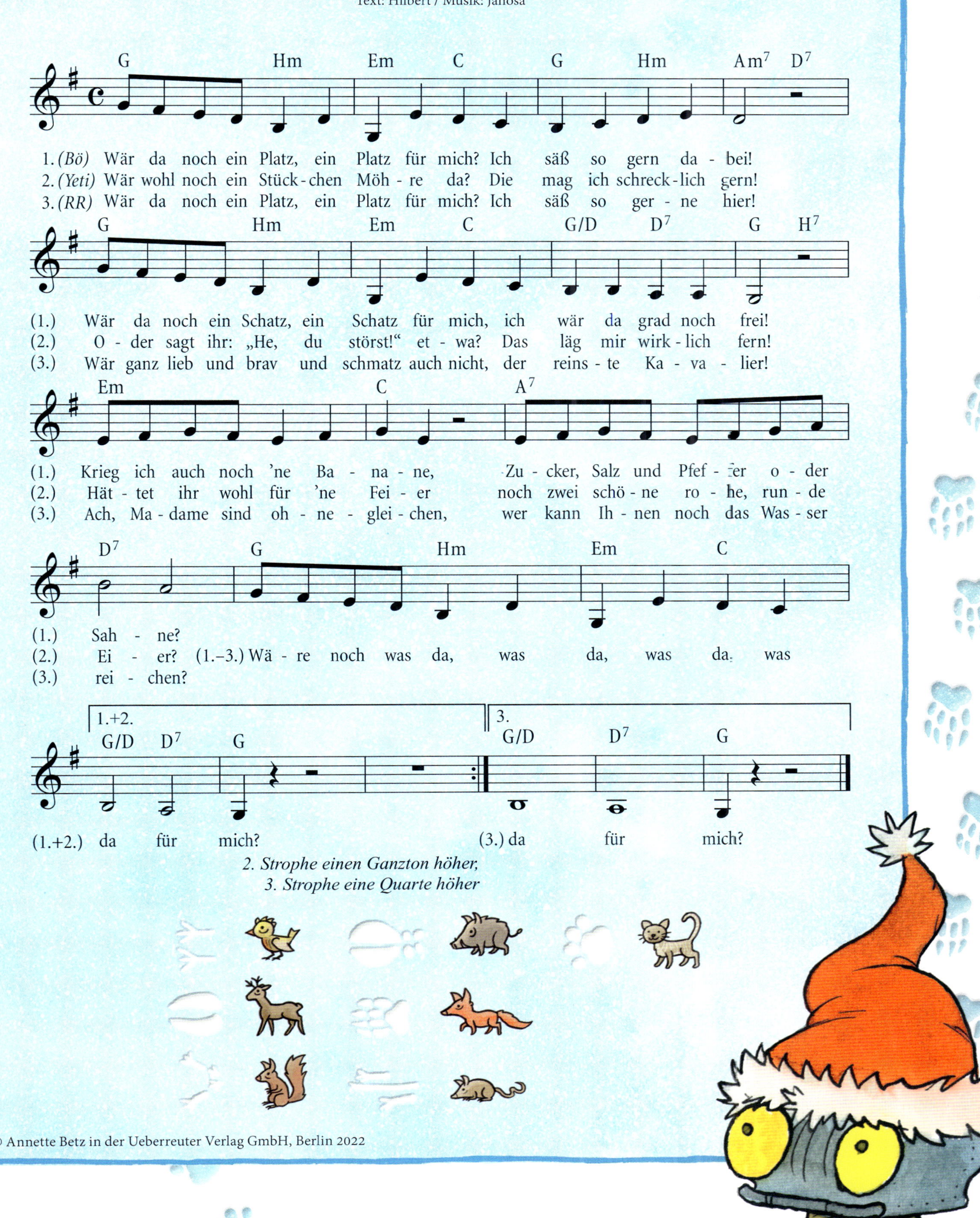